고백하기 좋은 날

고백하기 좋은 날

김지윤 지음

1판 1쇄 발행 2012. 3. 16. | **1판 6쇄 발행** 2019. 11. 11. | **발행처** 포이에마 | **발행인** 고세규 | **등록번호** 제 300-2006-190호 | **등록일자** 2006. 10. 16. | 서울특별시 종로구 북촌로 63-3 우편번호 03052 | 마케팅부 02)3668-3260, 편집부 02)730-8648, 팩시밀리 02)745-4827

값은 뒤표지에 있습니다. ISBN 978-89-93474-95-4 03230 | 독자의견 전화 02)730-8648 | 이메일 masterpiece@poiema.co.kr | 좋은 독자가 좋은 책을 만듭니다. | 포이에마는 독자 여러분의 의견에 항상 귀를 기울이고 있습니다.

고백하기

"하나님, 이 사람을 놓치고 싶지 않아요!"

좋은 날

김지윤 지음

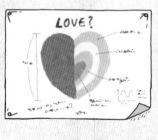
LOVE?

포이에마
POIEMA

건강한 영향력을 끼칠 남자로 자라날

나의 아들 민혁에게

차례

2 속 보이는 당신의 행동에 따끔 충고

3 도통 모르는 당신에게 살짝 귀띔

4 새로운 길을 걷는 당신에게 살콤 조언

그대를 위로하고 질책하고 응원하다

남자들의 사랑만큼 고독하고 외로운 것이 또 있을까.

살아가는 일이 허진하고 등이 시릴 때

그것을 위안해줄 아무것도 없는 보잘것없는 세상을

그런 세상을 새삼스레 아름답게 보이게 하는 건 사랑 때문이라구.

사랑이 사람을 얼마나 고독하게 만드는지 모르고 하는 소리지.

사랑만큼 고독해진다는 걸 모르고 하는 소리지.

너는 귀뚜라미를 사랑한다고 했다. 나도 귀뚜라미를 사랑한다.

너는 라일락을 사랑한다고 했다. 나도 라일락을 사랑한다.

너는 밤을 사랑한다고 했다. 나도 밤을 사랑한다.

그리고 또 나는 사랑한다.

화려하면서도 쓸쓸하고 가득 찬 것 같으면서도

텅 비어 있는 내 청춘에 건배.

조용필이 부른 '킬리만자로의 표범'의 노랫말이다. 내가 이 노래를 처음 들었던 것은 대학 1학년 때였다. 축제의 끝물, 복학생 남자 선배 한 명이 주변 분위기에 상관없이 이 노래에 심취해 목놓아 부르기 시작했다. 그때는 별 생각이 없었는데 돌아보니, 그 선배는 참 외로웠나보다.

조금씩 나이가 들어가면서 이전에 몰랐던 것을 하나 둘씩 알게 되는 것들이 있다. 그중 하나가 '남자들의 사랑은 참으로 외롭고 고독하다'는 사실이다.

마땅한 롤 모델도 없고, 멘토도 없고, 연애에 대한 가르침도 부족한 상황에서 남자들은 사랑이 막힐 때 그저 어렵고 답답할 뿐이다.

《사랑하기 좋은 날》이 출간된 후 나는 50여 개의 교회를 다니면서 강의를 했다. 《사랑하기 좋은 날》은 초점이 교회 안의 여성, 특히 올드미스에게 맞추어져 있었다. 그래서 처음에는 강의의 초점 역시 그녀들에게 있었다. 그런데 시간이 지나면서 남자들의 반응이 심상치 않았다. 남자들이 강의를 더욱 열심히 들었고, 그들의 눈이 초롱초롱하게 빛났으며, 크게 웃었고, 매우 진지했다. 강의 후 메일 주소를 요청하는 경우도 남자들이 더욱 많았다. 그러면서 깨달았다. '아, 남자들은 이런 이야기를 툭 까놓고 들을 기회가 없구나.'

그들은 사랑에 대한 이야기와 가르침을 갈망하고 있었다. 남자들 안에는 아직 계발되지 못한 아름다운 감정들이 존재한다.

남자는 태어나서 세 번만 우는 거야. 왜 그렇게 눈물이 많아.

남자가 쩨쩨하게.

남자가 되어서 소꿉장난이나 하고.

그들이 성장하면서 받은 왜곡된 메시지는 본래의 정서를 얼마나 증발시켰을까. 고갈된 정서는 민감한 관계에서 제 기능을 다하지 못한다. 결국 어른이 된 그들에겐 사랑이 너무나 필요한데, 어떻게 해야 할지 모르는 것이다.

이 책은 그런 남자들의 요청으로 쓰여진 것이다. 사랑을 하고 싶고 사랑을 배우고 싶은 남자들, 그러나 사랑이 어렵고 힘든 남자들 말이다.

이 책이 여자를 제대로 사랑하고 싶고 그녀들에게 헌신하고 싶다고 생각하는 남자들에게 도움이 되기 바란다. '나같이 초라한 사람도 사랑할 수 있을까' 자신감을 잃은 그들에게 용기가 되면 좋겠다.

또 하나, 어떤 남자들은 이 책을 읽으며 '이런 것까지 해야 하나?'라는 생각이 들 수 있을 것이다. 바로 내가 원하는 것이 '이런 것까지'라는 영역에 존재하고 있는 사랑을 남자들이 생각해주는 것이다.

아마도 '이런 것까지'라는 영역은 신앙과 연애가 마주하는 지점일 것이다. 한 사람이 말하는 하나님을 향한 믿음과 행동이 불일치할 때 사람들은 욕하고, 환멸을 느끼고, 싫어한다. 연애는 한 사람이 가진 믿음의 진실성이 적나라하게 드러나는 행위이다. 한 사람의 연애와 신앙의 다리가 끊어질 때 그곳에는 상처와 아픔이 존재한다. '어떤 리더가 양다리였다더라', '그 형제 때문에 자매가 교회를 옮긴 거라더라…'와 같은 이야기들이 바로 그런 것이다.

하나님을 경외하는 마음으로 한 사람을 사랑할 때, 다리는 끊어지지 않는다. 나는 남자들이 튼튼한 다리 위에서 멋진 사랑을 하게 되기를 바란다. 더불어 그들이 고독하기보다 자신들의 마음이 알고, 마음이 원하고, 마음이 기뻐하는 사랑을 했으면 좋겠다. 남자들의 마음속 깊은 곳, 한 번도 사랑이 닿아보지 못한 곳을 건드려주는 책이 되기를 바란다.

그럼 이제부터 남자들의, 남자들을 위한, 남자들이 알아야 하는 사랑 이야기를 시작해보도록 하겠다.

또한 이 책은 여성들을 위한 책이기도 하다. 연애에 서툴고 표현에 익숙하지 못한 형제들의 표본이 모두 여기 들어있다. 그렇다고 그들의 마음밭이 엉망인 것은 결코 아니다. 남자들의 서툰 방식에 상처받거나 실망한 그녀들이 조금 더 그들을 이해할 수 있는 책이 되길 바란다.

이 책에 나오는 인물은 모두 가명인 것을 밝힌다.
사연 중 일부는 인터넷 라디오 WOWCCM 연애 상담 코너에 올라온 글을 빌려왔다.

1

작아진

당신의 마음에

달콤 위로

못생긴 남자는
연애도 못하나요

외모는 문제가 아니다. 당신의 내적인 힘의 크기가 문제이다.
그러므로 당신에게 하고 싶은 말은 '외모 때문에 쫄지 말라'는 것이다.

대머리, 단신(특히 하반신만 단신), 심한 곱슬머리, 여드름 피부, 복부 비만, 털북숭이, 조합하기 어려운 이목구비, 돌출 입 등으로 스스로 추남이라 생각하며 비애에 빠진 남자들이 많다.

'어머니, 저를 왜 이렇게 낳으셨나요.' 한번쯤 원망하면서, 달콤한 생일 케이크 앞에 쓰디쓴 눈물을 흘려본 그들. 교회의 인기 넘치는(또는 잘생긴) 또래 녀석들을 보면서 부러움의 눈초리를 쏘아본 그들. 그래, 나 역시도 그들이 '못생겼다', '키가 작다', '매력적이지 않다'는 사실을 부인하진 않겠다. 그러나 외모를 넘어 자신의 존재 자체를 '추남'이라 결정짓는 자신 없음에는 급제동 한 번 걸어주고 시작하련다.

'이놈의 외모' 때문에 여자를 만나지 못하고 사랑을 하지 못한다고 믿는 형제들에게 희망을 선사하고자 한다. 객관적으로 외모가 별로인데다가 부자도 아닌 당신이 진실한 사랑을 만날 확률은, 잘생기고 돈 많은 남자보다 조금 더 많다. 좋은 여자는 외모만으로 남자를 평가하지 않기 때문이다. 철 든 여자는 당신을 발견할 수 있다. 단, 당신이 마음까지 추남이 아닐 때만 가능한 이야기다.

버나드 쇼는 극작가 이전에 해학적인 독설가이다. "우리가 결혼하면 당신의 지성과 내 미모를 가진 아이가 태어날 것"이라는 이사도라 던컨의 편지에 "추남인 내 얼굴과 당신의 텅 빈 머리를 가진 아이가 생길지 모르지요"라고 응수했던 사람이다. 그의 묘비에는 잘 알려진 대로 "우물쭈물하다 내 이럴 줄 알았지"가 새겨져 있다. _〈한국 경제〉

시대의 무용수였던 아름다운 여인 이사도라 던컨의 연애편지에 독설로 답한 남자, 버나드 쇼에게 이사도라 던컨이 반한 것은 이런 내적인 면이 아니었을까 한 번 생각해봤다. 여자들이 처음부터 '객관적으로 봐도 인정할 수 없는 외모'를 지닌 그들에게 끌리는 경우는 적을 것이다. 그러나 못생긴 그들을 재발견하게 되는 때가 있으니 바로 그 남자의 매력, 내적인 매력을 발견할 때이다. 매력은 외모가 주는 감동보다 더 강한 인상을 남긴다.

여성들은 본능적으로 보호받기를 원하고, 다정한 대화를 원하며, 공감을 원하고, 안정감을 원한다. 이런 면모가 발견될 때, 그녀들은 그를 다시 본다. 끌리게 되는 것이다. 문제는 자신감이다.

외모만큼 마음도 가꾸라

승재는 연예인 외모를 가졌다. 180센티미터가 넘는 큰 키에 숱이 많은 아름다운 갈색 머리를 지닌 남자다. 순정만화에서 걸어나왔다고 해도 과언이 아니다. 그를 본 어떤 자매가 나에게 이런 말을 했다. "언니, 연예인을 실제로 만나면 이런 느낌이겠죠?" 바로 그 정도였다. 그런데 수련회가 끝나고 단체 사진을 찍는데, 승재는 자꾸 뒤로 숨었다. 앞 사람 얼굴에 자꾸 자기 얼굴을 의도적으로 숨기는 행동을 했다. 사진 촬영이 끝나고, 왜 자꾸 숨는지 승재에게 물었다. 그러나 승재는 이렇게 대답했다. "제가 너무 못.생.겨.서.요." 오 마이 갓! 승재는 진심이었다. 그의 내적 자신감은 정말 0퍼센트였던 것이다.

내적인 자신감, 내면의 힘은 이처럼 중요한 것이다. 자신감과 좋은 내면의 힘은 외모를 포함한 존재 전체에 영향을 미친다. 사람들은 당신 자체를 만나고 있는 것이다. 그깟 가죽과 털, 골격의 모양새만 보는 것이 아니란 말씀이다.

내가 함께 일했던 한 간사님의 이야기를 하고 싶다. 그분은 소아마비로 한쪽 다리를 저는 장애를 가졌다. 나는 그분과 4년 정도 함께 일을 했는데 거의 매일 얼굴을 마주치면서도 그분이 장애를 가졌다는 것을 인지한 적이 별로 없다. 내가 그것을 인지할 때는 간사 수련회에서 축구 경기에 선발로 나가지 않는다는 것뿐이었다. 나는 가끔 유니폼을 갈아입지 않는 간사님에게 "간사님은 축구 안 하세요?"라는 질문을 아무렇지도 않게 내뱉을 정도였다.

어느 날 나는 이런 현상이 이상하다고 생각되었다. 왜 그분의 장애가 보이지 않는 것일까. 나름대로 내가 내린 결론은 그분 안에 있는 내적 자신감이 장애를 무력화한다는 것이었다. 그분은 '장애'라는 틀 안에 존재의 모든 가능성을 가두지 않았다. 나만 그렇게 느끼는 것인가 싶어 주변의 여인들에게 물었다. 그대들은 간사님의 장애를 평소에 인지하는가. 그녀들의 대답은 이랬다.

주변 여인 1 아니오, 잘 몰랐어요. 가끔 인지하게 될 때는 그분의 걸음걸이를 보게 될 때 '아, 그랬었지' 하게 되요. 신체적인 장애가 일상적인 생활의 불편함을 줄 수 있는데, 그런 일상의 불편함조차 느끼지 않는 것 같았어요. 부메랑놀이나 자전거 타기를 늘 즐겨 하시니까요.

주변 여인 2 저는 그분이 장애인이시라는 것을 거의 인지하지 못했어요. 이유라면, 글쎄요. 워낙 몸 불편하신 분 같지 않게 활달하셔서 그런 건 아닐까요?

한 사람이 가진 내적인 힘은 이처럼 중요한 것이다. 나는 당신이 외모와 상관없이 무한한 내적 가치를 소유한 강한 남자가 되기를 원한다. 외모는 선택할 수 없지만, 그 다음은 당신이 선택한 만큼 달라

질 것이다.

이런 남자에게 감동받는다

여자들이 남자들에게 원하는 내적인 면모는 이런 것들이다. 사람과 일에 대해 책임 있는 남자를 원한다. 모두가 힘든데 자기만 힘들다고 나자빠지는 남자, 중요한 회의에 계속 지각하는 남자, 연락이 잘 되지 않는 남자, 약속을 펑크 내고 핑계 대는 남자를 싫어한다.

친절하게 가르쳐주고 보호하고 공급해주는 남자를 좋아한다. 여자가 무언가를 물을 때(주로 기계, 컴퓨터, 정치) '설마 이런 것도 몰랐던 거야?' 무시하는 티가 팍팍 나는 남자 말고, 친절하게 설명해주는 남자를 좋아한다. 푹푹 찌는 날 여성동지들에게 시원한 물 한 잔 건네고, 뙤약볕 마다 않고 아이스크림을 구해오는 남자, 그들에게 멋있다는 표현은 아깝지 않다.

변호해주는 남자도 멋있다. 중요한 회의를 앞두고 몸이 아픈데도, 차마 말 못하고 있는 여자가 있다. "저기, 영숙이 몸이 안 좋은 것 같은데 일단 보내고 저희끼리 하죠"라고 용감하게도 대신 말해주는 남자도 감동이다. 실질적인 힘이 있는 남자도 매력적이다. 현실에서 가정을 책임지고 부양할 능력이 있는 것이 중요하기 때문이다. 좋은 권위가 있는 남자도 좋다. 누군가 잘못했을 때 강압이나 억압이 아니라 적절한 판단력으로 치리하는 능력, 가져야 한다. 강인함과 추진력도 매력 발산의 중요한 장점이 될 것이다. 함께 일할 때 소극적이지 않고 적극적으로 일을 처리하는 것, 필요하다.

이런 남성다움의 가치와 힘이 당신 안에서 자리 잡고 성장하도록 기도해야 한다. 여자들은 당신과 생활하면서 외모뿐만 아니라 당신의 모든 행동과 말을 관찰한다. 이건 본능적이다. 이런 내적인 가치들이 당신 안에 있을 때 외모를 넘은 힘을 충분히 발휘할 수 있다.

나를 웃게 하는 남자

그리고 마지막으로 유머도 한번 끼워 넣어보자. 유머는 남자가 가질 수 있는 또 하나의 매력점이다. 여자는 남자의 유머에 약하다. 내가 학생시절 수련회 때 한 남자 간사님이 이런 광고를 했다. "여러분 내일 아침식사는 닭 한 마리…로 성장할 수 있는 달걀을 나누어 드립니다." 투박한 외모와는 달리 위트 있는 광고에 사람들이 웃어댔다. 그 광고를 들은 내가 "간사님은 정말 유쾌한 사람 같아요"라고 말하자, 누군가 이런 이야기를 해주었다.

"저 간사님은 말이야, 투박하고 강한 인상의 외모 때문에 사람이 너무 딱딱해보여서 주님께 제발 '유머를 달라'고 기도했대. 그 뒤로 저렇게 웃겨졌대. 진짜야."

아, 웃겼다. 하지만 말이 되었다. 주님은 유머도 창조하셨으니까. 전뇌가 유머를 주장한다고 한다. 전뇌에 손을 얹고 유머를 구하시길 바란다. 사랑을 얻기 위해, 가난한 마음으로 유머를 얻고자 전뇌에 손을 얹고 무릎 꿇은 자, 주님 멸시치 않으시리라. 후히 주시고 꾸짖지 않으시는 주께서 넘치도록 유머를 주실 것을 나는 진실로 믿는다.

외모는 문제가 아니다. 당신의 내적인 힘의 크기가 문제이다. 그러므로 당신에게 하고 싶은 말은 '외모 때문에 쫄지 말라'는 것이다. 얼굴은 바꿀 수 없지만 내면은 바꿀 수 있고, 내면은 얼굴보다 진실로 강한 힘을 가졌기 때문이다. 외모 말고 당신이 소유할 수 있는 것은 아주 많다. 당신이 추남이라 생각하며 스스로를 거절하지 않는 한 그 누구도 당신을 거절할 수 없다. 자신을 사랑할 때, 누구보다 멋지고 아름다운 여인을 아내로 맞아들일 수 있을 것이다.

당신 없이 내 삶은 아무것도 아닙니다.
우리 앞에 어떤 시련이 닥쳐와도 나는 포기하지 않을 거예요.

아직도 고백을
못하셨나요?

영화 〈러브 액츄얼리〉에는 일명 '스케치북 고백'이라는 장면이 나온다. 친구의 애인을 사랑했던 한 남자가 있다. 어느 크리스마스 날 이제는 친구의 아내가 된 그녀에게 고백을 하는 장면이다. 스케치북에 적혀 있는 고백의 내용은 이렇다.

운이 좋으면 아마도 내년쯤엔…
여자들 중에 한 명과 함께 데이트 할 거예요.
그런데 지금은…
그냥 고백할게요.
왜냐하면, 크리스마스잖아요.
내게 당신은 완벽해요.

헛된 마음인 것 알지만, 그래도 난 당신을 사랑할 거예요.

메리 크리스마스.

마크라는 남자는 여자에게 이렇게 고백한다. 그리고 뒤돌아 길을 걷는다. 그때 여자는 달려와 남자에게 키스해준다. 그녀의 키스를 받은 마크는 '이걸로 충분해. 이제 그만'이라는 대사를 남긴다. 나는 남자를 향한 여자의 키스가 너무도 감동적이었다. 그것은 그의 사랑을 존중하고 인정하고 감사하며, 동시에 또 완벽히 거절하는 정중한 키스였다. 그리고 마크는 키스를 받고 오랜 시간 접어두었던 사랑을 끝낸다. 그의 고백은 묶여 있던 사랑에 자유를 주었다.

고백에는 힘이 있다. 관계를 변화시키는 힘. 그래서 고백은 정말 잘해야 하는 일 중 하니이다.

그만큼 중대사인 고백을 하는데 있어서 크게 세 종류의 나쁜 예가 있다.

'내 감정이 먼저야' 하는 남자

첫 번째는 마음 내키는 대로 고백하는 '자기 감정 중심형' 남자들이다. 그들은 계획적이지도 진실하지도 않은데다 책임감마저 결여된 고백을 한다. 때로 고백은 즉흥적이다. 한밤중에 그녀와 통화하다가 감정에 끌려 고백한다. 갑자기 그녀의 주변에 등장한 제3의 인물에게 질투심을 느껴 경쟁적으로 고백하기도 한다. 그들의 고백은 현실속에서 관계의 책임을 지지 못한다.

수민은 교제하던 자매와 이별한 뒤, 좀처럼 마음을 다스릴 길이 없어서 평소에 알고 지내던 현주에게 슬픈 마음을 나누며 위로받았다. 그런데 힘들 때마다 현주를 찾다보니 의지가 되고 그녀가 편안해졌다. 평소 생각했던 스타일은 아니었지만, 자주 만나다보니 감정이 생기는 것 같았다. 그날도 그저 통화를 하고 있었는데 순간적으로 감정이 커졌다. 그래서 덜컥 고백을 해버렸다. 그런데 막상 현주가 마음을 열고 이성으로 대하기 시작하자 부담스러워졌다. 그래서 먼저 고백했던 수민은 결국 현주와의 첫 번째 데이트를 펑크 내고 말았다. 그녀는 화가 났고, 좀처럼 마음을 다 잡지 못하는 그의 마음을 눈치 챘다. 현주는 다시 한 번 수민의 마음을 확인하고 싶어 했고, 그는 부담스러워서 관계를 이어가지 못할 것 같다고 했다. 결국 그 관계는 현주에게 상처를 남기는 것으로 끝이 났다.

감정적인 고백은 금물이다. 고백할 때는 실제 그 관계를 책임질 수 있는지 없는지에 대한 정확한 계산을 끝내고 나서 하는 것이다. 결혼을 결심하라는 것이 아니다. 실제로 사귐을 갖고 최선을 다해 만나고 사랑을 시작하길 원할 때, 그때 고백하는 것이다. 순간적인 자신의 감정에 따라 내키는 대로 하는 고백은 관계를 망친다. 고백은 새로운 관계를 만들어내는 숭고한 과정이다. 연인이 되든 안 되든 고백을 통해 관계는 새롭게 태어난다.

'거절당하면 어쩌지' 하는 남자

두 번째 유형은 '용기 없어 말 못해' 형 남자들이다. 이들은 거절당할까 봐 두려워서 고백하지 못한다. 타이밍을 잡지 못해 고백하지 못한다. 어떤 식으로 고백을 해야 할지 몰라 고백하지 못한다.

김범수가 부른 '하루'라는 노래의 뮤직비디오를 보면 사랑하는 연인 지진희와 송혜교가 나온다. 그리고 송혜교를 사랑하는 또 다른 남자 송승헌이 있다. 그런데 뮤직비디오의 영상이 중간 쯤 흘러가다 보면, 사랑의 시작은 송승헌이 먼저였다는 것을 암시하는 장면이 나온다. 오래전, 용기 내지 못한 송승헌을 대신해 꽃다발을 든 지진희가 송혜교와 사랑에 빠진 것이다. 그렇게 그들의 사랑은 시작되었다. 고백을 못하는 바람에 한 남자는 사랑을 놓친다.

살면서 용기를 내야 하는 순간이 온다. 사랑을 얻기 위해서는 그 어느 때보다 용기가 필요하다. 사랑할 준비가 되었다면 거절을 두려워하지 말고 고백하라. 거절당한다고 해도 사랑을 말할 줄 아는 남자는 근사하다. 거절이 뭐 대순가. 몸 사리지 마라. 물론 좋은 결과를 얻기 위해서는 '눈치'라는 것이 필요하다. 실제 그녀와의 정서적 거리에 대한 감도 있어야 하며 요즘 그녀의 마음 상태를 알아차릴 수 있는 눈치, 나를 어떻게 생각하는지에 대한 초급 정보는 있어야 한다. 이런 것도 모른 채 무조건 달려들라는 것은 절대 아니다.

친절하고 정중하게 진심으로 하는 고백은 아름답다. 과한 이벤트는 오히려 부담스럽다. 여자에게는 감동이 중요하다. 감동은 상대의 인격과 진심을 통해 전달된다. 말을 잘 못해도 긴장해서 어쩔 줄 몰라 하는 진정성이 여자를 감동시킬지도 모른다. 그녀의 가장 친한 친구 몇을 당신 편으로 만든 뒤, 정보요원으로 삼고 지원사격을 받아 진심으로, 책임감 있게, 용기를 내어 입 밖으로 사랑을 말하라.

'그냥 알아주면 안돼?' 하는 남자

세 번째는 반드시 고백해야 하는 상황에도 그것에 인색한 '그걸 꼭 말로 해야 하나' 형의 남자들이다. 이미 애인이 있는 경우, 아내가 있는 경우의 남자들은 "잡은 고기에는 먹이를 주지 않는다"며 사랑을 고백하는 데 인색하다. "그걸 꼭 말해야 아나?" 남자들의 18번 질문이고, 여자들의 18번 답은 "당연히 말로 해야 알지"이다. 함께하는 소중한 그녀에게 마음을 잘 전달하고 표현하는 일은 사랑을 풍성하게 한다. 고백은 사귈 때 딱 한 번만 하는 것이 아니다. 살면서 시시각각 고백하는 것이다.

오스트레일리아에서 대장암 말기로 투병하던 크리스티안 앤더슨이 아내 레이철에게 바친 영상이 유튜브에서 화제가 되었다. 〈러브 액츄얼리〉 스케치북 고백의 업그레이드 버전이었던 이 글은 30만 건이 넘는 조회 수를 기록했다.

당신 없이 내 삶은 아무것도 아닙니다.
우리 앞에 어떤 시련이 닥쳐와도 나는 포기하지 않을 거예요.

죽음을 앞두고 아내에게 사랑을 고백한 남자가 30만 명의 사람을 울렸다. 이미 내 사람인 그녀에게, 또는 내 사람이 되겠다고 곁을 지키는 그녀에게 사랑을 고백하는 데 인색하지 않았으면 좋겠다. '사랑해', '고마워', '미안해' 이런 고백은 입 밖으로 나올 때 엄청난 위력을 발휘한다. "있을 때 잘하라"는 말이 있다. 우리 삶에서 내가 원할 때 언제나 고백할 수 있다고 생각하지만 인생은 제한된 시간을 가진다. 표현할 수 있을 때, 곁에 있을 때 사랑을 고백하는 것은 인생에서 아름답게 할 수 있는 일들 중 상위 5퍼센트 안에 들어가는 멋진 일이다.

고백, 요즘은 여자들도 용기 내어 하는 일이지만, 아무래도 많은 경우 남자들의 어려운 숙제이다. 내가 해줄 수 있는 말은, 고백은 말이 아니라 인격의 힘으로 좋은 결과를 얻는다는 것이다. 고백에서 인격이 보이고 삶이 보일 때, 여자들은 마음을 열고 곁을 내어 준다. 당신의 고백이 어느 날 좋은 열매 맺기를 원하는가? 오늘 하루 어떻게 진정성 있는 삶을 살아가는가가 답을 줄 것이다. 언젠가의 고백을 위해 오늘의 여자관계를 깨끗이 하며 마음을 아끼고 진실한 사랑을 품는 일은 어느 날 당신이 하게 될 고백에 힘을 실어 사랑을 얻게 할 중요한 일이다. 진정한 고백으로 사랑을 얻는 남자, 정말 로맨틱하다.

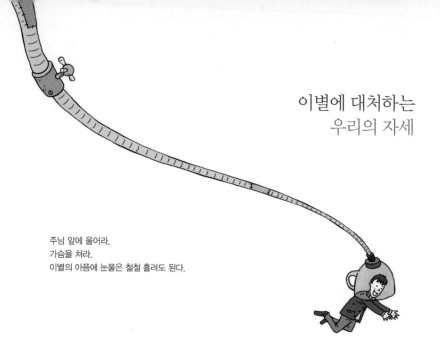

이별에 대처하는
우리의 자세

주님 앞에 울어라.
가슴을 쳐라.
이별의 아픔에 눈물은 철철 흘려도 된다.

이문세가 부른 '이별 이야기'라는 노래가 있다. 당시 사춘기가 빨리 찾아온 초등학생이었던 나는 그 노래를 들을 때마다 남녀의 이별 장면을 상상하고 또 상상하며 슬퍼하고 또 슬퍼했던 기억이 있다. 그런데 얼마 전 유튜브를 통해 오리지널 버전의 노래를 오랜만에 듣게 되었다. 잠깐 가사를 소개하자면 이렇다.

이렇게 우린 헤어져야 하는 걸 서로가 말은 못하고
마지막 찻잔 속에 서로의 향기가 되어
진한 추억을 남기고파
우리는 서로 눈물 흘리지 마요.
서로가 말은 같아도 후회는 않을 거야.

하지만 그대 모습은 나의 마음을 아프게 해.

그대 내게 말로는 못하고

탁자 위에 물로 쓴 마지막 그 한마디 서러워 이렇게 눈물만

그대여, 이젠 안녕.

지하철 안에서 이별 이야기를 들으며, 문득 두 가지가 궁금해졌고, 또 이 노래가 '이별에 대처하는 우리의 자세'가 될 수도 있겠다는 생각을 했다.

일단 궁금한 것부터 이야기하자면 첫 번째 의문은, '탁자 위에 물로 쓴 글씨의 단어는 무엇이었을까' 하는 것이다. 도대체 뭐라고 씌었기에 그 마지막 한마디가 서러워서 눈물만 흘리게 된 것일까? 아무리 생각해봬도 남녀의 이별 장년에서 탁자 위에 물로 쓸 만한 글씨는 사랑했었다. 미안하다. 사랑한다. 대충 이 세 가지 중에 하나가 아니었을까. 요즘은 문자메시지나 SNS를 통한 간단한 메시지 전달로 이별하는 어이없는 사태가 벌어진다고 하니, 그와 비교할 때 노래의 장면은 너무도 인간적이다.

당신의 이별 장면을 기억해보라.

이별, 누군가를 사랑할 때 비켜가기를 항상 바라야 하는 단어이고, 우리를 아프게 하는 단어이다. 결혼해서 좋은 것은 둘 중에 한 명이 죽거나 하는 큰 지각변동이 없는 한 이별이라는 것을 하지 않아도 된다는 점이다. 돌아보면 연애시절 이별에 대한 두려움과, 막상 이별하고 났을 때의 감정적인 후폭풍은 너무도 아픈 것이었다. 사랑 뒤에

이별이 존재한다는 것은 참으로 가혹한 일이다.

이미 당신에겐 이별의 경험이 있었을 것이고, 앞으로도 있을 가능성이 있다. 그렇다면 당신의 이별이야기는 어떠했을까. 이 노래가사의 남녀와 비교했을 때 당신의 이별 장면은 어떠했을까. 때로 우리들은 너무도 거침없이 이별을 말한다.

예전에 내가 알고 지내던 커플이 있었다. 닭살커플로 부러움을 한 몸에 받으셨던 위인들이다. 그들은 교회생활도 함께했고 봉사활동도 같이 다녔다. 그럴수록 사람들은 그 예쁜 모습을 부러워했다. 그런데 말 그대로 '어느 날 갑자기' 그들은 남남이 됐다. 갑자기 여자의 손에서 커플링이 사라졌고 남자는 교회에서 찾을 수 없게 되었다. 여자는 슬픔보다는 분노에 가까운 감정을 분출하고 있었다. 이유는 남자의 갑작스럽고 일방적인 이별통보와 곧바로 이어진 잠수타기 때문이었다. 여자는 이별의 이유를 알고 싶었으나 남자와 연락할 수도 만날 수도 없었다. 남자는 왜 이별을 선택했는지 그녀에게 알려주지 않았다. 꽤 많은 시간이 흐른 뒤 나는 그 남자와 이야기할 기회가 생겨 그때의 이별 사유를 알게 되었다.

이유는 이랬다. 그녀는 일반적인 사람들, 예를 들어 지하철에서 만나는 사람이나 길이나 식당에서 만나는 불특정 다수의 사람에게 매우 까칠하고 공격적인 태도를 보였다는 것이다. 봉사할 때는 천사의 미소를, 길에서 만나는 대중에게는 까칠 아우라는 풍기는 그녀가 이중인격으로 느껴졌고, 어느 날 갑자기 너무도 질린 마음을 가눌 길 없어 이별을 통보했던 것이다. 남자는 아마 꽤 오랜 시간을 빈번하게 참았을 것이다. 그러면서 '이 여자가 아닐 수도 있겠다' 싶어 이별의 가능성을 열어두고, 다른 각도에서 여자를 관찰하기 시작했을 것이다. 그리고 어느 순간 결론에 도달하고 바로 실행에 옮겨버렸다. 결국 그에게 이별은 이미 오랫동안 준비된 일이나 다름없었다. 그러나 여자는 아무것도 몰랐다. 어느 날 갑자기 우박 섞인 소나기를 맞고 덩그러니 혼자 남겨진 것이다. 여자가 싫어진 마음이야 이해하지만, 그전에 갈등과 불만이 생기기 시작했을 때 남자는 이야기를 꺼냈어야 하는 것이 옳다. 적어도 그녀에게 전화로 "사랑해"를 속삭이던 사이라면 말이다.

이유야 어찌되었건 한낮의 소나기와 같은 갑작스런 이별통보는 안 된다. 종종 남자들은 없던 추진력과 결단력을 총동원해 이별통보를 진행하는 경향이 있다. 그러나 여자와 하는 이별에는 절대적으로 시간이 필요하다. 서로 갈등이 생겼다면, 그 갈등을 인지할 수 있도록 솔직해야 한다. 둘 사이로 극복할 수 없는 문제라면 '헤어져야 하겠구나'라는 결론에 함께 도달할 시간이 필요하다. 상대는 '요이땅' 도 하지 않았는데, 이미 저만치 달려나간 상태로 '너도 빨리 달려와' 하고는 일방적으로 경기를 끝내는 것은 정말이지 황당하다.

내가 이별의 이유를 확신하는 만큼 상대도 이별에 대한 확신이 들 때까지 시간을 주어야 한다. 그리고 이별에 합의했다면 글로 헤어지는 것이 아니라, 만나야 한다. 이별 이야기에 나오는 남녀 주인공처럼 감정적으로 솔직하게 마주해야 한다. 지난 사랑은 감사하며, 그러나 이성적으로는 흔들리지 않는 인격적인 이별 장면을 만들어야 하는 것이다. 갑작스러운 연락두절로 이별을 통보하는 것은 안 된다. 원망에 사무친 여자가 싸늘하게 뒤돌아 걸어가버리거나 남자의 뺨을 한 대 갈겨주면서 끝나는 것도 안 된다. '우린 아닌 것 같다'는 메시지만 날리는 강아지 같은 매너로 상대에게 소나기를 퍼붓는 짓은 더더욱 안 된다. 네 이웃을 내 몸과 같이 사랑해야 하는 우리가 아니던가. 싸늘한 이별 장면보다는 눈물겨운 신파가 차라리 인격적이다.

헤어지고 뭐했니?

두 번째 궁금증은 '그 남자는 이별 뒤에 어디서 무엇을 했는가'이다. 아마도 여자는 가장 친한 친구에게 전화를 걸어 눈이 퉁퉁 부을 때까지 울거나, 무언가를 사거나, 머리카락을 뎅겅 잘랐을 것이다. 그렇다면 남자는 무엇을 했을까? 아마도 집으로 돌아가 방에 처박혀 있었을 확률이 가장 높고, 그의 이별을 알지 못하는 친구에게 전화를 걸어 그냥 한잔 하자고 하며 포장마차에서 소주에 고춧가루라도 타서 마셨을 것 같다. 그리고 한번쯤은 울지 않았을까.

이별 뒤, 황량하고 찢어지는 상실의 가슴을 우리는 어떻게 처리해야 할까. 가장 좋은 방법은 슬픔과 직면하는 것이다.

사람에게 상처 받은 마음은 사람으로 치유해야 한다는 생각으로 섣불리 다른 사람을 만나서 허한 마음을 채우려고 하거나, 슬픔과 상실의 마음을 부인하고 일에 몰두해버린다면 아픔만큼 성숙할 수 있는 기회를 잃게 될 것이다. 이별의 아픔이라는 긴 터널을 지날 때 어느 때보다 위로의 주님을 만날 수 있는 때이다. 주님은 사사로운 연정의 실패로 인한 우리의 상처를 세상의 유일한 상처처럼 감싸안아 주시고 위로해주신다. 너무도 다행이다. 그 누구도 완전히 이해할 수 없는 이별의 속이야기와 속마음을 그분께 털어놓을 수 있다. 털어놓는 방법은 시편 62편 8절에 있다. "백성들아, 시시로 그를 의지하고 그의 앞에 마음을 다 토하라. 하나님은 우리의 피난처시로다."

그의 앞에 마음을 다 토하는 것이다. 당신의 아픔과 억울함을 토하는 것이다. 새학기 신촌이나 건대 일대에 가면 신입생 환영회의 여파로 벽 잡고 서서 토하고 계시는 젊은 무리들을 어렵지 않게 만날 수 있다. 그렇게 기도하는 것이다. 예의 있게 각 잡고 경건한 말로 답안지 같은 기도를 하는 것이 아니라, 이별에 관한 당신의 슬픔에 대해 매우 주관적이고 솔직하게 기도하는 것이다. 주님 앞에 울어라. 가슴을 쳐라. 이별의 아픔에 눈물은 철철 흘려도 된다.

"주님, 그 나쁜 계집애. 어떻게 나한테 이럴수가! 엉엉! 받을 건 다 받아먹고… 엉엉! 언제는 믿음 좋은 남자가 좋다더니! 엉엉… 그 남자 연봉이 나보다 높다고, 그리고 키 좀 크다고… 엉엉! 나도 좋은 부모 만나면… 엉엉… 아이고 엉엉…" 이렇게 말이다.

그리고 도무지 말로 안 되겠거든 주님께 편지를 쓰고 그것을 읽는 것이다. 이렇게 기도할 때 그녀가 돌아오진 않지만 주님은 우리의 마음과 생각을 지켜주신다. 하나님은 반드시 당신의 치유에 함께하신다.

솔직해져도 된다

마지막으로 이별 뒤에 절대로 하지 말아야 할 행동 몇 가지를 당부하고 싶다. 첫째는 제발 6개월이 지나기 전 또 다른 상대를 만나지 말라는 것이다. 충분히 한 사람과의 만남을 정리하고 새 마음이 갖춰질 때까지 당신의 마음이 쉴 수 있는 시간을 주라. 두 번째는 떠난 그녀가 그립다고 친구하자고 (특히 술 취해서) 전화하지 말라는 것이다. 한번쯤은 그녀의 마음도 아플지 모르겠으나. 두세 번 반복되면 당신은 머지않아 '찌질이'와 '스토커'로 의심받을 것이다. 고로 아무리 멋진 이별장면을 연출했다 하더라도 이미지는 실추되어 추한 남자 또는 무서운 남자 1호가 된다. 그냥 그녀의 머릿속에 내가 사랑했던 좋은 남자(시간이 지나면 지난 사랑은 미화되는 특성이 있다)로 남아라.

헤어질 이유가 분명했고 다시 만난다고 해서 해결될 수 없다면 추억속의 그녀를 다시 내 인생으로 끌어들일 이유는 없다. 끝난 사랑을 보내지 못하고 집착하면서 붙잡고 있는 것만큼 추한 것은 없다.

누군가 이런 말을 했다. 남녀의 연애에 있어서 결혼까지 가는 것이 신기하지, 오히려 이별은 당연한 거라고. 결혼하기까지 우리는 많은 이들과 만나고 헤어져야 한다고 말이다.

지금까지 당신의 이별 장면은 어땠는지 모르겠다. '이별 이야기' 한 번 들어 보면서 앞으로 그 장면처럼 아름답고 인격적인 헤어짐을 경험하게 되길 바란다. (물론 결혼하면 더 좋지만 말이다.) 주님 붙잡고 토하는 방법도 잊지 마라.

돈이 없어
작아진 그대에게

돈이 없는 현실,
그 어려움을 잘 감당한 사람들에게는
깊이 있는 성장이 대가로 주어진다.

학교 친구, 교회 친구, 선교단체 친구, 직장 동료 등 같은 공간 안에 지낼 때 하게 되는 착각 중의 하나는 모두 다 비슷한 인생길을 걷고 있을 거라고 생각하는 것이다. "누구네 집은 잘 살고, 누구네 집은 좀 못 살아"라고 이야기했으나, 그 '좀'이 엄청난 차이라는 것을 뼈저리게 느끼는 순간이 있다. 바로 결혼할 때이다. '우리'라고 생각했던 무리 중 누군가가 휘황찬란한 결혼식을 할 때, 우리라는 단어는 무색해지고 기득권층의 자녀와 서민층의 자녀로 나뉘는 경험을 한다. 부모가 장만해주는 집 크기, 차 종류, 신혼여행지, 대출의 규모, 웨딩패키지 선택, 예단 목록, 결혼식장 화환의 개수를 통해 나뉨 현상은 계속된다.

일시적이긴 하지만 그 순간 상처 받는 사람은 의외로 많다. 못난 마음이지만 솔직히 부러운 마음이 드는 건 어쩔 수 없다. 그 언젠가 아픈 선교사님을 후원해야 한다며 눈물의 기도회를 하고 5만 원씩 걷기로 결정한 적이 있다. 당시 나의 5만 원은 체감가치 50만 원 정도 되는 피 같은 돈이었는데, 그에게는 스타벅스 커피 한 잔급이었다는 것을 알게 되면 빈정 상한다. 우리이지만 우리가 아니기도 한 그들의 결혼은 비참하리만큼 나의 처지를 집어주고 찍어주는 계기가 된다.

돈, 돈, 돈 아니면 안 되는 세상

결혼할 때가 되었고, 연애하고 싶고, 사랑하고 싶어졌는데 '돈이 없다'는 사실은 심한 아픔으로 다가온다.

언젠가부터 우리나라 젊은이들, 학교를 졸업한 뒤 취업 전까지의 시간을 살아가고 있는 이들을 지칭하는 단어들이 속출했다. 백수, 취업준비생, 고시준비생, 대학원생, 유학준비생, 휴학생, 군인 등이다. 물론 뚜렷한 생의 목표 속에서 이 길을 선택한 젊은이들도 있을 것이다. 그러나 또 대다수는 직장이라는 전쟁터에 뛰어들기 전 시간을 벌고 싶어 한다. 뛰어들기엔 너무도 두려운 현실 앞에 일단 '○○○준비생' 이름표로 명분을 세운다.

통계청이 밝힌 청년 실업자는 32만 4,000명, 실업률은 7.7퍼센트이다. 하지만 이 통계는 취업 의사는 있는데 일자리가 없는 사람만 실업자로 보는 개념이다. 사실상 실업 상태에 있는 사람들을

다 포함하면 실업자가 110만 1,000명으로 급증한다고 현대경제
연구원은 분석했다. 이렇게 되면 체감실업률은 22.1퍼센트로 정
부 통계보다 3배 높아진다'고 한다. _〈SBS 경제 뉴스〉

어마어마한 통계 수치가 아닌가. 아프니까 청춘이라지만 아파도
너무 아파서 걱정이다. 이런 기사가 의미하는 진짜 기사는 이런 것이
리라.

○○○뉴스입니다. 청년 체감실업률 22.1퍼센트 시대에 대전에
사는 30세 김모 씨는 아직 취업 전입니다. 대학원을 갓 졸업했으
나 마땅한 일자리를 구하지 못하고 있는 실정입니다. 결국 김모
씨는 경제적인 이유로 여친에게 이별 통보를 받았다고 합니다.
이별 통보 후, 여친은 그 자리에서 이름 모를 남자의 외제차를 타
고 붕 떠났다지요.

○○○뉴스입니다. 서울에 사는 33세 최 씨는 얼마 전 파혼이라
는 아픔을 겪었습니다. 최 씨가 집을 장만할 수 없고 최 씨의 부
모 역시 도와줄 수 없는 처지인 것을 알게 된 여자의 부모가 딸의
결혼을 뜯어 말렸기 때문인데요. 집 한 채에 사랑이 산산조각 난
씁쓸한 사건입니다.

○○○뉴스입니다. 인천에 사는 34세 이 씨는 그동안 고백 한번

못하고 짝사랑했던 여자의 결혼식에 다녀왔습니다. 활짝 웃으며 신부와 기념 촬영까지 했으나 가슴으론 피눈물을 흘렸다네요. 차마 고백하지 못한 것은 가난한 자신의 처지를 비관했기 때문이라는데요. 이 사건이 더욱 우리의 마음을 안타깝게 하는 이유는 그 여인이 이 씨보다 더 가난한 남자와 결혼했기 때문입니다. 햇살이 야속한 토요일 오후입니다.

돈 때문에 결혼과 사랑에서 아웃사이더가 되어가는 남자들의 이야기는 차고도 넘칠 것이다.

'부모님의 도움은 땡큐고, 맞벌이는 필수이며, 대출은 불가항력'이라는데 적어도 본인에게 부모님은 그런 종류의 봉은 아니시고, 맞벌이 정말 하고 싶지만 나부터도 취업을 못하고 있는 상황이고, 고로 대출은 당연히 불가능하다. 현실을 더욱 현실적으로 마주할수록 결혼은 멀어져간다. 좋아하는 그녀에게 고백하려면 든든하게 모아둔 돈이나, 5년 이내 수입을 보장하는 안정적인 직업이라도 있어야 한다. 사랑하는 그녀와 결혼이라도 할라치면 집이 필요하다. 그런데 일이 없고, 일이 있어도 불안정하고, 집은 커녕 모아둔 돈도 없다. 여자가 멀어져간다. 사랑이 멀어져간다.

사랑이 떠나가네 또 다시 내 곁에서

그런데 이들의 경쟁자가 또 하나 있으니, 바로 철 없고 현실감 없는 드라마 속 남자주인공들이다. 드라마 속에서 여자를 멋지게 사랑하는 남자들은 대다수가 재벌가의 아들이다. 그들에겐 취업 걱정, 집 장만 걱정 따윈 없다. 학자금 대출받은 적도 없다. 부모님의 노후 대책에 대한 걱정 역시 없다. 못살게 구는 상사도 없다. 그들은 돈이 많다. 시간이 많다. 사랑에만 집중할 수 있는 정서적 에너지가 많다. 여자와의 관계가 꼬여 괴로울 때면, 심각한 표정으로 외제차를 몬다거나, 12남매를 키우고도 남을 으리으리한 집으로 돌아와 고독하게 샤워를 한다. 그리고 족히 집 한 채 값은 되어 보이는 천연가죽 소파에 몸을 던지며 캔맥주를 딴다. 멋지게 산다.

당신 옆에 있는 여친은 어느 샌가 자신도 모르게 드라마가 주는 비현실적인 메시지에, 가진 정신줄의 10센티미터는 내어주었을지도 모른다. 그러면서 무의식적으로 비교할 것이다. 본능에 민감한 남자들, 죄인이 되고 주눅 든다. 자존심이 상한다.

당신이 당면하고 있는 상황은 하나하나 곱씹어볼수록 만만치 않다. 부모님은 봉이 아니시고 취업전선은 만만치 않고 결혼자금은 턱도 없이 모자란다. 게다가 여친은 경제적으로 안정된 결혼생활을 하고 싶어 한다. 그녀 주변에 괜찮은 남자와 결혼한 여인네들의 스토리가 비교대상으로 슬슬 등장하기 시작한다.

현실 속에서 이런 마음고생, 남모르게 많이 했을 것이다. 나락으로 떨어지는 것 같은 초라함이 꽤 자주 엄습했을 것이다. 뾰족한 수 없이 막막한 마음만 부여잡은 것이 한두 번이었으랴. 하지만 그대여, 돈 때문에 작아질 필요는 없다. 그러기에 당신은 너무 특별한 존재이다.

영원의 관점에서 오늘을 해석하는 지혜의 눈을 가지자. 그리 큰일은 아니다. 물론 가난은 아프다. 아이들이 굶어야 하기에 아프고, 아픈 이들이 치료받을 수 없기에 아프다. 그런데 지금 당신이 겪고 있는 가난은 그런 속성의 가난은 아니다.

나는 좀 가난해봤다. 중학교 때는 비가 오면 세숫대야 두 개를 받쳐놓아야 하는 집에 살았다. 캠핑장에 온 것 같았다. 뭐 나름대로 괜찮았다. 대학 시절에는 집에 돈이 없어서 한겨울에 2년 동안 보일러를 돌리지 못하고 살았다. 집 안에서 패딩점퍼를 껴입고 장갑까지 끼고 생활했다. 바깥이나 안이나 온도 차이가 나지 않을 정도였다. 겨울은 솔직히 좀 힘들었지만 그래도 그 시절의 내가 참 소중하다. 그때만큼 하나님이 내 전부였던 적은 없는 것 같다.

돈 없이 누릴 수 있는 기쁨

돈이 없기 때문에 누릴 수 있는 유익도 꽤 많다. 돈이 없는 현실, 그 어려움을 잘 감당한 사람들에게는 깊이 있는 성장이 대가로 주어진다. 그들은 돈 대신에, 부모님 대신 하나님이라는 분을 의지하는 것을 배운다. 없는 이들에 대한 아픔도 배운다. 성경에 나오는 가난한 자에 대한 의미가 달리 해석된다. 그들은 곤고한 가운데 인생을 생각하게 된다. 나는 가난이 인생을 경거망동하게 살게 하지 않도록 겸손을 가르쳐주는 능력이 있다고 믿는다. 고난은 사람을 정금으로 만들어준다.

부모님 덕에 인생에 큰 걱정 없이 사는 이들을 보면 솔직히 부러운 마음이 들 것이다. 순간이라 할지라도 내 부모를 원망했을 것이다.

그러나 그런 못난 생각은 접자. 부모에게 빌어 집 장만하고 결혼식을 치루면서 자신의 능력인 양 당당한 남자들을 보면 꼴 보기 싫을 정도이다. 돈이 없어서 피해갈 수 있는 꼴불견도 있다.

또 하나, 만일 당신 곁에 있는 연인이 달콤한 핑크빛 사랑의 절정이 결혼인줄 아는 여성이라면 당부하고 싶은 말이 있다. 여친이 당신을 드라마속 비현실적인 인물과 비교하거나 화려한 결혼을 한 친구의 남편과 비교하며 쪼아댄다면 그녀와의 관계를 전면적으로 재고하기를 권하고 싶다. 미안하다며, 조금만 참아달라며 할부로 선물 사주면서 달래지 마라. 그녀에게 밀리지 마라. 그녀에게 냉정하고 담담하게 현실을 브리핑해라.

'사랑하는 여인이여, 그대는 신문도 안 보고 사는가. 대한민국에 사는 남자들은 대학시절부터 아르바이트로 등록금을 벌며 부모님의 수고에 힘을 보탠다. 취업해도 2-3년은 학자금 대출을 갚고 학업으로 인한 빚을 줄여 나간다. 모아둔 돈, 집 없는 것 당연하다. 이게 우리 사랑에 진짜 문제가 되냐. 네가 사는 나라는 대한민국이 아닌 것이냐. 너는 나를 어떤 사람이라고 생각하느냐.'

이런 브리핑에 삐쳐서 떠날 여자라면 당장 보내줘라. 평생 당신 등골 파먹으며 살 여자로 가족으로 살아갈 수 있는 부류의 인간이 아니다. 당신에게 없는 돈은 보여도 당신에게 있는 진정성과 가능성은 보지 못하는 그녀, 예뻐서 차마 놓치기 안타깝겠지만 기나긴 인생길 생각할 때 다시 생각한다고 손해 날 것은 없다.

주눅 들지 마라, 그대여

제대로 된 여자는 당신과 함께 짐을 나누어 지고 함께 걸을 것이다. 제대로 된 여자라면 당신 안에 내재되어 있는 힘을 볼 수 있다. 그 힘의 근원이 하나님과의 관계와 그분의 관한 믿음, 인생에 대한 올바른 관점이라는 것을 그녀들은 알아챌 것이다. 그런 남자들은 가난해도 멋지다. 지금은 돈이 없지만 누구보다 부요한 인생을 살아갈 사람들이다. 그런 남자들이 바로 '가난한 자 같으나 많은 사람을 부요하게 하고 아무것도 없는 자 같으나 모든 것을 가진 자'들이다(고후 6:10).

돈이 문제가 아니다. 당신이 어떤 사람인가가 더욱 중요하다. 성경에는 오빠가 집 장만하라는 이야기는 없다. 물론 예비 가장으로서 성실히 경제적인 부분을 준비해야 하지만, 지금 돈이 없다 하여 주눅 들지 말자. 그녀 앞에 조금 더 당당해도 된다.

정말 어려운 시대다. 당신에게 "모든 게 잘 될 거예요"라는 멘트는 날리고 싶지는 않다. 앞으로 당신이 겪고 헤쳐 나가야 하는 경제적인 현실은 만만치 않을 것이다. 좌절되고 절망될 만큼 어려울 것이다. 가장이 된다면 더더욱 그러할 것이다. 그러나 어려운 순간마다 당신이 누구이고, 왜 살고 있으며, 생의 의미는 무엇이며, 하나님이 누구신가에 대해 질문하기 바란다. 풍족하고 편안하게 사는 것보다 내 삶에 그리스도가 오신 의미를 잘 담아내고 있는가가 중요하다는 사실을 잊지 말자.

돈이 없어 작아진 그대에게 살아 계신 하나님의 한 말씀으로 한 떨기 위로와 소망을 전한다.

내가 산을 향하여 눈을 들리라. 나의 도움이 어디서 올까. 나의
도움은 천지를 지으신 여호와에게서로다(시 121:1).

아버지
때문에

과거의 상처와 우울했던 가정 환경이
당신 인생의 핑곗거리가 되어서는 안 된다.

《가시고기》는 아픈 아들을 위해 자신의 존재를 다 내어주는 아버지에 관한 이야기이다. 많은 사람들이 절절한 부정에 울었다. 《가시고기》가 많은 이들의 공감을 얻었던 이유는 무엇일까. 가시고기 아버지는 심연 깊은 곳에 있는 사랑에 대한 갈망을 건드렸고, 아버지의 '완전한 사랑'에 대한 대리만족과 감동을 독자들에게 안겨주었다. 사람들은 그 사랑이 아름다워서 울고, 안타까워서 울고, 그런 사랑을 받고 싶어서 울고, 그런 사랑을 주고 싶어서 울지 않았을까.

내가 일했던 선교단체의 수련회에서 항상 하는 프로그램이 있다. 그것은 '나는요'라는 게임이다. '나는요'는 일종의 자기소개를 하는 프로그램인데, 피상적인 소개를 뛰어넘어 좀 더 심오하게 자신이 어떤 사람인지 보여주는 시간이다. 보통 가족 이야기가 많이 나오고 더불어 남들에게 잘 보여주지 않던 각자의 아픈 이야기도 나온다. 처음에는 경계심 때문에 쉽게 이야기를 꺼내지 못하지만, 조금만 이야기가 진행되다 보면 문제없는 집이 없음을 알 수 있다. 집집마다 사연도 구구절절, 순식간에 공감대 형성이 되고 지금까지 한 번도 속 시원하게 하지 못했던 이야기들이 쏟아진다.

아버지, 아픔 한 가운데 있는 이름

아픔의 한가운데에는 대부분 아버지가 등장한다. 아버지들의 모습도 다양하다. 조그만 일에도 소리를 지르고 폭언을 하고 손을 대는 폭력적인 아버지, 대화는커녕 가정일 전반에 무관심한 아버지, 책임감 강한 어머니에게 자신의 삶을 일찍이 의탁해버린 무능한 아버지, 가정의 배신자로 외도하는 아버지, "내가 어떻게 해서 너희들을 먹여 살리는 줄 아느냐"로 시작해 "너희들이 배가 불러서 그런다"로 말을 끝내는 아버지…. 맞는 말씀이지만 어쨌건 섭섭하다. 돈만 아는 아버지, 명문대가 아니면 취급도 하지 않는 학벌지상주의 아버지, 자식들의 복지보다는 자신의 체면이 중요한 아버지, 매일 가정 예배를 강요하며 집에 일찍 들어오라는 장로님 아버지, 교회 일이 너무 바빠 가정에 머무를 시간이 없는 목사님 아버지, 집과 군대를 구별하지 못하고 상하관계를 요구하는 군인 아버지…. 모두 자신의 방법대로 사랑하시나 안타깝게도 굴절된 사랑의 주인공들, 우리들의 아버지다.

많은 남자들이 굴절된 사랑의 주인공들에게서 태어나 자란다. 그리고 그들이 성인이 되었을 때, 그들은 되고 싶은 아버지상과 실재의

아버지 사이에서 혼돈을 겪는다. 결국 아버지가 되기 위해 이루어야
하는 가정은 너무도 큰 두려움으로 다가온다.

　'나도 아버지같이 살면 어떻게 하지? 아버지의 행동들 정말 싫었
는데… 이런, 나에게도 아버지 같은 모습이 보이네. 불쑥불쑥 튀어
나오는 이 행동이 너무 두려워. 나는 정말로 좋은 가장이 될 수 있을
까. 자신이 없다'며 남모르는 두려움에 빠져 있다.

　김성욱, 그 남자도 그랬다. 그의 아버지는 위에서 나열한 아버지
현상 중 세 가지는 족히 소유하신 분이었다. 어린 시절부터 한 곳에
정착하기 싫어했던 아버지는 집을 나갔고, 아버지의 부재 속에서 성
욱에겐 따뜻한 양육과 돌봄을 받는다는 건 사치였다. 설상가상으로
아버지가 져놓은 빚때문에 성욱은 싱글의 기간 중 대부분을 집안의
경제적 문제를 해결하며 살아야 했다. 아버지가 남기고 간 그림자에
묻혀 사는 것도 힘이 드는데, 어머니의 슬픔을 지켜보는 일이 보너스
처럼 돌아왔다. 그는 혼기가 찼지만 결혼하고 싶지 않았다. 아니, 그
전부터 성욱은 결혼하지 않겠다는 말을 밥 먹듯이 했다. 결혼하고 자
신도 아버지처럼 되지 않을까 두려웠다. 지금도 버거운데 책임감이
더 부여되는 결혼생활을 선택하고 싶지 않았다. 아무것에도 얽매이
지 않고 그저 자유롭고 편안히 살고 싶을 뿐이었다. 결혼과 가정이란
것은 그저 황무지와 같이 막막하고 힘겹게 뭔가를 이루어야 하는 두
려움의 세계였다. 위험요소가 너무 많아 들어가고 싶지 않은 밀림의
한가운데 같은 곳이었다. 가보지는 않았지만 보아서는 알고 있는 곳,
분명 무덥고 땀나고 온갖 벌레들이 득실거리는, TV에서 본 밀림 말

이다.

　그런데 어느 날 한 여인이 나타났다. 예기치 않은 여인의 등장이었다. 좋은 성품의 성욱을 지켜보고 있었던 선배가 어거지로 자리를 만들어 여인을 떠안겼다. 게다가 여인은 성욱을 보고 반하고 말았다. 여인은 매우 적극적으로 성욱에게 자신의 마음을 표현했다. 성욱은 결혼에 대한 생각이 없었다. 결혼이라는 그림이 없었다. 그런데 떡하니 한 사람이 나타나버리니, 성욱의 삶 전체가 흔들리기 시작했다. 지각변동이 일어난 것이다.

　여자는 사랑하자고, 다른 삶을 살자고, 생각했던 그림이 좀 아니면 어떠냐며 함께 가자고 했다. 당신이 스스로 만든 감옥에서 나오라며 여자는 팅커벨처럼 반짝반짝 빛을 내며 손 내밀고 있었다. 성욱은 선택해야 했다. 누려움에 매여 신념대로 혼자 살 것인가, 아니면 팅커벨의 제안을 받아들일 것인가. 다행히 성욱은 팅커벨의 속삭임에 넘어갔다. 그리하여 요즘은 아들의 치아를 닦아주고, 목욕시키기에 여념 없는 아빠가 되었다. 그가 생각했던 것보다 결혼생활은 괜찮았다. 생각지도 못했던 아기 양치질시키기 정도가 큰 어려움이지 정작 자신이 두려워했던 일들은 일어나지 않았다. 결혼을 통해 생각보다 자신이 괜찮은 남자라는 것을 경험하고 있다. 물론 예쁜 팅커벨의 존재가 성욱의 삶을 바꾸었지만, 그전에 성욱의 선택이 그를 다른 삶으로 이끌었다. 만약 그가 미래에 대한 두려움을 벗어버리지 못했다면 즐거운 사랑의 실체를 경험하지 못했을 것이다.

괜찮은 사랑을 할 수 있을까

아버지의 사랑에 상처 받은 많은 남자들이 자신들이 개척해야 하는 사랑에 두려움을 느끼는 경우가 있다. 그저 두려워서, 그럴듯한 핑계로 만남을 거부하고 결혼을 미룬다. 그러나 언젠가 당신에게도 성욱과 같이 갑작스레 사랑을 선택해야 하는 절체절명의 순간이 온다면, 주저하지 말고 상처에 묶인 과거보다는 사랑과 함께하는 새 삶을 선택해야 한다.

사람들은 말한다.

'과거 때문에', '상처 때문에', '어쩔 수가 없어서'…

사실 맞는 말이다. 치유에 있어서 과거와 대면하는 일은 중요하다. 과거는 막강하게 현재의 삶에 영향을 끼친다. 그러나 힘으로 따진다면 과거보다 현재에서 과거를 재조명하고 미래를 선택할 수 있는 당신에게 더욱 강한 힘이 있다는 사실을 간과해서는 안 된다. '지금의 나 자신'이 하는 선택이 중요하다. 비겁하게 누구에게도 핑계 댈 수 없다.

그 때에 여호와께서 폭풍우 가운데에서 욥에게 말씀하여 이르시되 무지한 말로 생각을 어둡게 하는 자가 누구냐. 너는 대장부처럼 허리를 묶고 내가 네게 묻는 것을 대답할지니라. 내가 땅의 기초를 놓을 때에 네가 어디 있었느냐. 네가 깨달아 알았거든 말할지니라. 누가 그것의 도량법을 정하였는지, 누가 그 줄을 그것의 위에 띄웠는지 네가 아느냐. 그것의 주추는 무엇 위에 세웠으며 그 모퉁잇돌을 누가 놓았느냐. 그 때에 새벽별들이 기뻐 노래하며 하나님의 아들들이 다 기뻐 소리를 질렀느니라(욥 38:1-7).

어느 날 갑자기 욥이 당한 고통은 시대를 대표하는 새드 무비이다. 잘 먹고 잘 살던 욥은 믿음이 좋다는 이유로 사탄의 표적이 되어 시험대에 오르는 운명에 처한다. 그리고 하루아침에 재산과 자녀를 모두 잃고 병까지 얻는다. 그의 병은 발바닥에서부터 정수리까지 온몸에 종기가 나는 병이었는데, 연고나 항생제가 없던 시절이라 욥은 질그릇 조각을 가져다가 간지러운 온몸을 긁어대기에 이르고, 그의 아내는 차라리 하나님을 욕하고 죽으라며 욥을 저주한다. 고통 속에서 욥은 지쳐가기 시작했다. 게다가 친구들은 그의 고통을 논리로 해석하고자 어쭙잖은 의견들로 욥에게 훈수를 놓는다. 위에 인용한 성구는 욥의 고통이 절정에 이르고 그의 심중이 깊은 탄식에 빠져들어갈 때 하나님이 욥을 만나주시는 장면이다. 그런데 하나님의 반응이 다른 때와는 좀 다르다. 하나님은 욥에게 "괜찮느냐. 내가 너와 함께하겠다. 두려워 마라. 이런 고통을 주어 미안하구나" 따위의 말씀을 하지 않았다. 대신 뜬금없이 동문서답 격의 말씀하신다. 지엄한 하나님의 메시지를 요약하자면 이것이다.

"욥! 남자답게 정신을 똑바로 차리고 내가 묻는 말에 답해라. 내가 세상을 지을 때 넌 어디서 무엇을 하고 있었지?"

이게 끝이다.

그분은 욥이 처한 고통의 상황을 뛰어넘어 '하나님'이 누구인지.

'욥'은 누구인지에 대해 매우 근본적인 질문을 하신다. 정신을 차릴 수 없는 고통의 도가니 속에서 감정과 이성을 주체하기 어려웠던 그에게 하나님은, 어떤 상황에서도 욥 자신이 누구인지 잊지 않기를 바라셨다. 그리고 그것에 근거하여 생각하고 행동하기를 원하셨다. 아무리 상황이 고통스럽더라도 지표를 잃지 않을 수 있는 방법은 단 하나, 하나님 그분이 어떤 분이신가를 기억하는 일이다.

우는 아이를 잘 달래는 법

나는 어깨가 잘 뭉치는 편이다. 한번은 남편이 어깨를 주물러주는데 워낙 근육이 뭉친지라 조금만 눌러도 너무 아파서 비명이 절로 나왔다. 그때 돌 지난 지 얼마 되지 않은 아들의 표정이 순식간에 일그러졌다. 안마의 개념을 모르는 아이는 금방이라도 울음을 터뜨릴 기세로 달려들어 내 어깨에서 아빠의 손을 떼어내고 밀어냈다. 아이는 공포를 느낀 것이다. 고생하며 모유 수유한 것 보람 있다며, 남편은 섭섭해했다. 그리고 "아빠가 엄마에게 잘해주는 거예요. 무서운 거 아니예요"라고 아들에게 설명했지만, 아기는 의심스러운 눈으로 우리를 쳐다보았다.

꼬마였던 당신, 당신의 어린 시절에 대면했던 아버지의 부정적 실체는 엄청난 영향력이 있다. 엄마를 때리는 아버지, 고함 지르는 아버지, 물건 던지는 아버지, 술주정하는 아버지, 폭언하는 아버지, 엄마를 울게 하는 아버지, 가족을 불안하게 만드는 아버지…. 그런 아버지에게서 느낀 공포와 무력감은 상처로 남는다. 하지만 이제 당신은 꼬마에서 어른이 되었고, 그 상처를 처리할 때가 되었다. 어린 시절 힘없는 꼬마 조연이 당신의 역할이었다면 지금은 주인공이 된 것이다.

과거의 상처와 아버지와 우울한 가정이 당신 인생의 핑곗거리가 되어서는 안 된다. 자기연민에서 발을 빼라. 남자는 삶의 지표를 잘 정해야 한다. 하나님은 당신이 대장부처럼 정신을 똑바로 차리고, 하나님이 어떤 분인지 기억하며 남은 인생의 날들을 살아가길 원하신다.

사랑하고 싶지만 두려운 남자들, 가정을 꾸리기에 부족하다고 생각하는 남자들이 기억해야 할 것은 아버지와 당신은 전혀 다른 존재라는 것이다. 당신은 진정으로 원하는 만큼 좋은 아버지, 좋은 가장이 될 수 있다. 원하고 소원하는 깊이만큼 그것을 이루어갈 힘이 생긴다. 두려워하지 말고 그리스도 안에서 소원과 꿈을 가져라.

상처 받은 꼬마였으나, 이제는 장성한 좋은 남자들이여, 아버지가 만든 과거로부터 나오라. 그리고 이제 그만 눈물을 훔치고 멋지게 대장부처럼 똑바로 서서 남은 인생을 새롭게 시작하길 바란다. 남은 인생은 달라질 것이다. 더는 '아버지 때문에'라는 핑계는 없다.

하나도
같은 것이 없는
사랑의 모양

'다시 사랑할 수 있을까요?'
사랑에 상처 받은 사람들이 많이 하는 질문이다.
대답은 '물론'이다. 당신은 다시 사랑할 수 있다.

사랑에 관한 상처가 가슴에 없는 사람은 과연 몇이나 될까? 대학 다니던 시절, 남녀가 섞인 모임의 한창 좋은 분위기에서는 꼭 '진실 게임'이라는 놀이를 하곤 했다. 누군가에게 질문을 던지면 반드시 그 것에 대해 진실을 말해야 하는 게임이다. 단지 게임이건만 진실게임 이 시작되면 분위기는 사뭇 진지해졌다. 그리고 그때 나오는 질문들 은 뻔했다.

"첫사랑이 누구예요?" "지금 여기 마음에 드는 사람이 있나요?" "첫 키스는 언제 했어요?" 등의 평소에 제정신으로 물어보기는 민망 한 개인의 연정에 대한 질문들이 되바라지게 나온다. 저마다의 사연 은 절절하다. 삼각관계에 빠졌었거나, 몇 년간 한 사람만 짝사랑했거 나, 친구의 친구를 사랑했거나…. 이루어지지 않은 사랑의 사연들이 대부분이다. 지금 돌아보면 '야, 우리 되게 순수했었다'라는 생각이 들 정도로 진실을 실토했고 숨죽이며 들었다.

사랑불신증후군에 걸렸나요?

마음을 열고 이야기를 꺼내어보면 누구든 사랑에 관한 상처쯤은 하나씩 안고 살아간다. 그리고 생각보다 많은 남자들이 사랑에 관한 깊은 상처를 가지고 살아간다. 그들은 사랑했고 상처 받았으나 당시의 아픔을 해결할 길을 몰라 화석처럼 그때의 아픔이 가슴에 묻힌 사람들이다. 시간이 지나 그들은 어른이 되었고, 많은 것을 잊었다. 그러나 결정적 순간, 바로 그들이 다시 사랑해야 하는 순간이 오면 상처는 다시 그들을 붙잡는다. 사랑불신증후군이 생긴 것이다.

보통 사람들이 사랑에 대한 상처를 받고 그 상처를 잘 해결하지 못하면 일종의 증후군이 생긴다. 사랑불신증후군이다. 누군가를 진심으로 사랑했건만 배신을 당하거나, 생각지도 못한 갑작스러운 이별로 돌아왔을 때 상처를 받는다. 그리고는 생각한다. '나는 다시 사랑하지 않을 거야. 다시는 사랑을 믿지 않을 거야. 다시는 헌신하지 않을 꺼야. 다시는 다시는….'

힘을 내요, 미스터 김

사랑불신증후군에 걸린 미스터 김 두 명을 소개하고자 한다.

첫 번째 미스터 김은 대학교 같은 과 친구 중에 가장 발랄하고 애교가 많은 여성을 사귀게 되었다. 사교적이고 친절한 그녀의 따뜻함은 너무도 매력적이었다. 그런데 문제는 그녀는 모든 남자에게 다 그런 식으로 행동한다는 것이었다. 남자친구가 있었지만 그녀는 다른 남자들과 어울리는 것은 전혀 꺼리지 않았다. 다른 남자와 밤늦은 드라이브도 마다하지 않은 개념상실 여친이었던 것이다. 그녀는 만인의 연인으로서 자신을 귀여워하는 남성들의 사심과 남친의 진심을 동시에 먹고 살았다.

잠시 여인에 대한 변을 하고자 한다. 여인은 심한 차별을 받고 자란 성장 배경이 있다. 잘나고 잘난 언니 오빠들 사이에서 변변치 못했던 그녀는 자신을 불만족스러워하는 아버지를 두려워하며 살았다. 그리고 집밖으로 나와 대학생활을 시작했을 때 그녀는 그간의 모든 애정결핍을 자신도 모르게 그런 방법으로 채워가고 있었다. 급기야 미스터 김이 군대 간 사이에 다른 사람을 사귀고는 이별 통보를 한 것이다. 그러나 미스터 김이 제대하자 다시 사귀자고 애걸복걸했다. 이랬다저랬다 하는 그녀의 진저리나는 행동에 백기를 든 미스터 김은 최종 이별을 결정하기에 이른다. 그의 단호한 의지로 애교 발랄했던 여인과의 사랑은 결국 막을 내렸다. 하지만 그후 미스터 김에게는 이상한 후유증이 생겼다. 조금만 성격이 발랄한 여성만 봐도 그녀를 바람둥이로 간주하게 된 것이다. 길 가다 만난 여자들은 다 바람을 피우고 진심이 없는 허수아비처럼 느껴졌다. 그리고 그는 믿을 수 없는 여자와 사느니 차라리 독신으로 사는 것이 낫겠다는 결론을 내기에 이른다.

두 번째 미스터 김을 살펴보자. 성인으로서 전혀 독립적이지 않은 여성을 만나 연애했다. 그녀는 모든 것을 그에게 의존했다. 특히 자신의 분노나 우울함, 불만족을 그에게 모두 쏟아냈다. 화날 때는 그의 기분 따위는 생각하지 않고 화를 냈고, 자신이 외로울 때는 몇 시간씩 전화기를 붙잡고 일방적으로 수다를 떨었다. 미스터 김은 그녀를 사랑했기에 다 받아주고 끝까지 지켜주고 싶었지만 시간이 지날수록 에너지가 고갈되었다. 오는 것 없이 주기만 했던 사랑은 생각보다 힘겨웠다. 그녀는 그를 사랑하려는 노력 따위는 하지 않았다. 남자에게 모든 것을 의탁하고 받아먹어도 되는 것이 연애라고 생각했다. 남자를 감정 없는 바윗덩어리로 생각했을지도 모른다. 기대고 발로 차도 그저 묵묵한 바윗덩어리 말이다. 결국 그녀를 감당할 수 없게 된 미스터 김은 그녀와 헤어졌다. 그는 정말이지 여자에게 질렸다. 여인은 그의 인내심을 바닥내고서야 사라졌기 때문이다. 그는 이제 사랑이라면 넌덜머리가 났다. 누구와도 만나고 싶지 않았다. 더불어 여자들이 자신의 관계의 망에 조금이라도 가까이 들어오면 덜컥 두려운 마음부터 들었고, 그 긴장감만으로도 에너지는 고갈되었다.

두 남자 모두 깊은 상처를 받았다. 그들의 인생에 관한 객관적인 사실은 '이번에 만난 여자가 별로였다'는 것이다. 아직 세상엔 좋은 여자들이 많이 있고, 고로 앞으로 좋은 사랑을 하게 될 가능성은 매우 높다. 그러나 호되게 사랑의 매를 맞은 그들의 주관적인 생각은 '여자들은 다 그렇지 않을까?' '뭐 특별한 여자 있겠어?' '아, 저 여자도 매달릴 것 같아.' '어, 눈웃음 치네. 바람둥이 아냐?'이다. 피해의식 가득한 그들에게 이런 생각은 고정관념이 되어버린다.

물론 그들의 아픈 가슴, 놀란 가슴은 이해한다. 하지만 거기서 그들의 사랑이 멈춘다면 그것은 너무도 안타까운 일이다.

이 글을 읽는 당신의 '지난 그녀'들은 어떠한가? 만일 못된 여자, 나쁜 여자 부류여서 그 상처로 인해 주저앉은 지 오래인, 사랑을 질겁하며 포기한 '불쌍남'이시라면 다시 생각해주기를 간곡히 부탁한다.

내가 어릴 적에 봤던 코미디의 한 장면이다. 주인공은 좀 모자란 듯 보이는 남자다. 그가 힘들게 쌀 한가마니를 지고 간다. 이때 지나가던 트럭이 멈춰서 그를 짐칸에 태워줬다. 그런데 남자주인공이 달리는 차 위에서 쌀가마니를 그대로 머리에 이고서는 땀을 뻘뻘 흘린 채 서 있다. 운전사가 "이보슈, 왜 그걸 여태 머리에 지고 있수?" 하자 남자 주인공은 "저를 태워주신 것도 고마운데 죄송해서 차마 쌀가마니까지는 내려놓을 수가 없어서요. 이건 제가 지고 가야죠"라고 말한다.

새로운 사랑을 두려워 마

지난 사랑의 상처 때문에 새로운 사랑을 기대하지 않고 '내 인생의 사랑은 여기까지야' 하고 단정 짓는 남자들이 바로 이 꽁트의 주인공 같다. 모든 죄의 감정으로부터 자유케 하시는 그리스도의 은혜를 받고도 '상처'라는 짐은 차마 내려놓지 못하는 당신, 이를 악물고 힘겹게 그 짐을 지고 가지 않아도 된다.

나쁜 여자의 기억 때문에 그리스도의 얼굴은 보이지가 않는다. 보이지 않은 그리스도에 비해 그녀는 너무 강했다. 하지만 그 상처를

전혀 그리스도께 의탁하지 않고, 어깨에다 지고 가는 것은 불행한 일이다. 어쩌면 남자들에게 여자와의 관계에서 받은 상처를 그리스도께 미주알고주알 이야기하는 것은 너무 어색한 일일지도 모르겠다. 하지만 그리스도께서는 당신을 사랑하는 자로 세우시고 부르셨고, 회복을 주시길 원하시는데 당신이 상처와 기억만을 부여잡고 있다면, 그 손길을 거절하고 있다면, 계속해서 사랑의 길 대신 불신의 길을 간다면, 그것은 너무 안타까운 일이다. 그것은 회복케 하시는 그리스도의 능력을 너무도 축소시키는 일이다. 그 여자에 관한 단상이 얼마나 부정적이든 간에 그것을 왜곡하는 일은 옳지 않다. 사건은 사건일 뿐이고, 그 여자는 그 여자일 뿐이다. 세상에 그 여자는 단 한 명뿐이고 여자들은 모두 다르다.

당신이 기억속의 그녀가 니쁜 여자라는 이유로 새로운 사랑을 두려워하고 시작하기를 꺼리지 않았으면 좋겠다.

또 하나 이런 불쌍남들 중에 어찌어찌하여 마음을 열고 새롭게 연애를 하지만 여전히 마음 한가운데서 역사하시는 옛 여인의 기운을 걷어내지 못하는 경우를 종종 본다. 어쨌든 괜찮은 여자라고 생각해 큰맘먹고 다시 도전했으나 새로 만난 그녀가 이전 그녀와 비슷한 행동을 조금만 해도 소스라치는 것이다. 깨끗이 정리하지 못한 생각과 감정은 순식간에 당신을 혼돈으로 몰고 간다. 원인과 이유도 모른 채, 갑자기 그녀가 부담스러워지고, 어려워지며, 만남이 힘겨워진다.

당신이 인생에서 사랑을 하지 않고 살 것이 아니라면 그 순간 정신을 번쩍 차려야 한다. 새로운 그녀와의 사랑을 어렵게 하는 문제의 실체를 제대로 보고 분별해야 한다. 문제는 그녀가 아니라 당신의 마음이다. 그 여자는 그 여자고 이 여자는 이 여자다. 모든 여자가 같지 않다는 말이다. 자라 보고 놀란 가슴 솥뚜껑 보고 놀란다고 그녀를 단정 짓고, 오해하며, 뒤집어씌우고, 시험하고, 마음을 주지 않고, 냉정하게 밀어내지 않았으면 좋겠다. 당신을 제대로 사랑하려는 그녀는 매번 눈물을 흘리게 될 것이니까.

'다시 사랑할 수 있을까요?'

사랑에 상처 받은 사람들이 많이 하는 질문이다. 대답은 '물론'이다. 당신은 다시 사랑할 수 있다. 상처가 인생에 주인이 되게 하지 말고 그리스도가 당신 인생에 주인 되게 하라.

얼마 전 토요일 아침, 우리 집 앞에서 자전거를 타던 초등학생 하나가 넘어져 아주 목청껏 울다 간 사건이 있었다. 너무 크게 울기에 심상치 않아서 가보니 무르팍이 아주 제대로 까졌다. 일어설 수 있겠냐고 물으니 도저히 못 일어나겠다면서 엉엉 울었다. 결국 같이 있던 친구가 대신 집에 전화를 걸어 부모가 와서야 아이는 집으로 돌아갈 수 있었다.

바로 그날 오후에 집 앞 놀이터를 지나는데, 아침에 제대로 넘어졌던 아이가 미끄럼틀 꼭대기에 올라가서 정신없이 놀고 있는 것이다. 아침엔 도무지 일어설 수 없다더니 무릎에 빨간약 바르고 반창고 붙이고, 오후에는 땀을 뻘뻘 흘리면서 놀이터에서 몸을 혹사하고 있었다.

얼마나 귀엽고 씩씩한 남자아이인가. 나는 사랑에 관한 상처를 가진 남자들이 이 아이처럼 사랑했으면 좋겠다. 넘어진 상처가 아프고, 그때 기억이 무서워서 다시는 자전거를 타지 않거나, 다시는 놀이터에서 가지 않는다면 아이의 삶은 얼마나 무료하겠는가. 넘어졌어도 빨간약 바르고 땀을 뻘뻘 흘리며 신나게 놀고 있는 아이의 모습이 바로 당신의 모습이 되길 바란다.

사랑을
놓치다

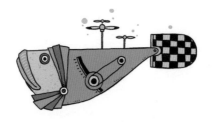

부끄러움과 결혼할 것인가,
따뜻한 밥을 함께 먹을 인간여자와
결혼할 것인가는 당신의 선택이다.

　무언가를 놓치는 것은 인생에서 흔히 일어나는 일이다. 아침 출근
길, 달리고 달렸으나 더 빨리 달릴 줄 아는 마을버스를 놓치기도 하
고, 간발의 차이로 지하철을 놓치기도 한다. 나는 예전에 친한 친구
의 결혼식에 가기 위해 예약해놓은 부산행 KTX 기차를 정말 30초
차이로 놓친 적이 있다. 그때의 당혹스러움이란 표현할 길이 없다.
　이처럼 누군가의 삶에서 무언가를 놓치는 일은 비일비재하다. 문
제는 '무엇'을 놓치는가이다. 까짓것 지하철을 놓쳤다면 지각생 꼬
리표를 달고 눈치 보며 자리에 앉아 점심때까지 분위기 좀 살피면 그
만이다. 놓친 KTX 기차는 비행기가 아닌 것을 다행으로 생각하며
다음 기차표를 예매하면 된다. 그도 안 되면 버스 타고 택시 타고 배
타고 산 넘고 바다 건너 어떻게 해서든지 목적지에 도착할 방법을 모

색하면 된다. 그러나 만일 놓친 것이 인생에서 중요한 것, '사랑'이 거나 '사람'이라면? 이야기가 많이 달라질 것이다.

이제 그만 좀 놓쳐

나는 주변에서 용기가 없거나 부끄러움이 너무나 심해서 좋은 여자를 놓치는 사람들을 종종 본다. 그들의 과한 부끄러움이나 용기 없음은 다양한 원인과 이유가 있겠으나 그것을 방치하는 것은 자신의 인생에 대한 게으름이 아닌가 싶다. 그들은 부끄러움이 많아 여자에게 다가가는 것을 '어려운 일'로 치부하며 관계를 잘 형성하지 못하고 연애를 하지 못한다. 마흔 살이 되고도 제자리인 사람도 있다. 너처럼 착하고, 인물 좋고, 생활력 있고, 좋은 남자가 왜 연애를 못하냐며 가족과 친구들은 가슴을 친다. 특히 엄마는 더 심할 것이다. 친구들의 손주 자랑에 가슴이 타들어 재가 될 지경이다. "치마만 두르면 된다", "아무 여자나 데리고만 와라"는 말을 귀에 딱지 앉도록 듣는다. 그러나 용기 없는 그들은 어떤 여자도 데리고 갈 수가 없다. 이런 그들에게는 정말 희망이 없는 걸까? 오히려 상황은 그들에게 희망적이다. 그들 주변에는 희망의 주체인 여자들이 많이 존재하기 때문이다. 단지 그들이 희망에 등 돌리고 있을 뿐이다.

그들 주변에 있는 여자들의 마음을 어떨까. 내 경험상 분명 그들 주변에는 결혼을 위해 고군분투하다가 마음이 가난해질대로 가난해진 여자들이 두서넛은 있다. 그녀들은 이제 만나야 할 남자가 왕자님이 아니라 좋은 남자, 그저 한 인간이라는 것을 뼈저리게 깨달은 여성들이다. 눈높이가 지하 10층까지 내려가 조금 더 파면 우물이라도 만날 지경인 그녀들은 언제나 '웰컴' 상태이다. 그리고 눈에 들어오게 된 이 부끄럼쟁이들을 결혼해도 괜찮을 것 같은 남자 리스트에 끼워 넣은 것이다. 어디까지나 아직은 '결혼해도 될 것 같은'이지만 말이다.

그리고 그들 주변에 있는 아줌마 아저씨 부대는 남자와 여자를 둥하니 내버려두지 않는다. 홀로 있는 남정네와 여인네들을 보기만 하면 여기다 붙였다 저기다 붙였다 하는 아줌마 아저씨들의 능력과 열정이 그들의 감정 변화에 한몫한다. 결혼이 그다지 특별한 것이 아님을 이미 알게 된 그들이 보기엔 생각할 것도 없다. 그저 둘이 딱 연애하고 결혼하면 그만이지 싶다. 외로워하면서도 서로에게 손 내밀지 못하는 멀쩡한 남녀가 그렇게 안타까울 수가 없는 것이다.

머뭇거림은 이제 그만

"영숙이 어때? 괜찮지 않아? 생각해봐."

"미스터 김 어때? 생각해봐."

이렇게 훈수를 받게 된 여인과 남정네는 목석이 아니고서야 싱숭생숭 아니할 수 없다. '그 사람 어떠니? 생각해봐'라는 한 문장으로 남자와 여자는 서로에 대한 가능성을 타진하고 또 타진한다. 그리고 나이가 찰대로 찬 남자와 여자는 자연스럽게 야릇한 분위기가 형성된다.

그러나 모두의 기대와 설렘이 기다림으로 바뀌고, 무료함으로 변질되기까지 아무런 일이 일어나지 않는다. 기다리고 기다리던 여자 입에서 "뭐야!"라는 말이 나오는 순간, 이 일이 해피엔딩으로 갈 가능성은 10퍼센트대로 뚝 떨어진다. 무언가 일이 이루어질 것 같더니 정적만이 흐를 뿐이다. 적진에서는 아무런 움직임이 없다. 도대체 무슨 일이 일어난 것일까?

잠시나마 설레었던 남자였다. 그 여자가 좋은 사람인 것 같기도 하고, '그래, 결혼해야지'까지 갔던 남자다. 그래서 움직일까도 싶었지만 결정적인 순간 결국 남자는 움직이지 않았다.

마치 이런 광경과 같다. 영화 촬영 장소에서 남녀 주인공은 모두 준비됐다. 감독이 "레디, 액션!"도 외쳤다. 여주인공은 수줍게 서 있다. 남자주인공만 성큼성큼 다가가 여자를 와락 끌어안고 "영숙이, 오래 기다리게 해서 미안해. 이제 오빠가 행복하게 해줄게." 한마디 대사만 날리면 된다. 그런데 남자주인공이 움직이지 않는 것이다. 대사도 안하고 움직임도 없다. 망부석처럼 서 있다. 그러더니 갑자기 촬영장을 떠나 차를 타고 가버리는 것이다. 촬영은 중단되고 여배우는 짜증나서 자리를 뜬다. 열 받은 감독은 "저 자식 왜 저래?" 소리치고 촬영장은 싸한 분위기가 된다.

또 이런 광경도 펼쳐질 것이다. 골키퍼 없는 축구 골대가 있다. 골대 앞에 축구공이 얌전히 놓여 있고 태클 걸 선수도 없다. 관중들은 손에 땀을 쥔 채 숨을 죽이고 기다린다. 그들은 당신을 주목하고 환호성을 지를 준비가 되어 있다. 모두가 당신에게 용기를 주고 있다. 그냥 '뻥' 하고 용기 있게 공을 차면 "골인~!" 환호성이 울릴 것이다. 하지만 너무 부끄러운 당신, 공을 차지도 않고 경기장 밖으로 뛰쳐나간다.

필사적으로 발목 잡는 부끄러움

남자의 마음 안에서는 이런 일이 일어나고 있는 것 같다. 남자 안에 살고 있는 '부끄러움'이라는 녀석이 튀어나와 남자의 결혼을 필사적으로 막는다. 어딜 가냐고 나랑 살자고 남자의 바짓가랑이를 붙잡고 늘어진다. 남자는 그 녀석을 도무지 매몰차게 내치지 못하는 것이다. 결국 당신의 애인은 부끄러움이 되고 그와 함께 도란도란 라면도 끓여 먹으며 지지리 궁상을 떤다.

부끄러움이 많은 남자들은 자신의 감정에 일어나는 파장을 매우 두려워하고 어색해한다. 마흔이 다 되도록 혼자이고 더 이상 밥을 혼자 먹고 싶지 않고 친구네 아들 돌잔치에 혼자 가는 것도 싫지만, 자신도 모르게 익숙해진 혼자인 삶에 '사랑'과 '여자'가 몰고 올 낯선 파장은 그저 반갑지만 않다. 그들은 어렵고 두렵다. 생전 처음 가보는 나라의 어느 골목에서 길을 잃고 서 있는 느낌이라고나 할까. 그래서 그들은 자신의 감정과 대면하는 대신에 숨기 바쁘다. 언제나 두렵고 복잡한 일이 생기면 숨을 수 있게 잘 준비해둔 동굴로 들어가버린다.

그리고 그녀의 손끝이라도 닿을세라, 아줌마 아저씨 부대들이 따라 들어올세라, 깊숙이 더 깊숙이 들어가 조용히 숨을 죽인다. 그리고 그곳, 솔로 월드에 스마트폰을 들고 가서 게임을 하며 당신의 마니아 성향을 발전시킨다. 주말 내내 그간 밀렸던 영화를 다운받아 보거나 어려운 책을 탐독한다. 그리고 동굴 주변을 서성거리던 그녀가 지쳐 멀리 떠나고, 아줌마 아저씨 부대마저 사라져버리면 안도의 한숨을 내쉬며 동굴 밖으로 나온다. 당신은 오늘도 사랑을 피하고 놓치는 데 성공했다.

그리고 혼자 밥을 먹고, 혼자 길을 걷고, 혼자 잠들고, 혼자서 살아가는 삶에 또 다시 안착한다. 내 주변에도 이런 미스터 조, 미스터 김들이 있다. 이 수많은 미스터들을 어찌해야 할까.

손만 내밀어주면 돼

"여자가 먼저 다가가면 되지 않아?"라고 생각하실 수 있다. 그러나 오랜 시긴 연애에 물벅은 그녀들은 웬만한 용기와 거듭난 자존심이 아니고서는 부끄럼쟁이 남자에게 먼저 다가가기 어렵다. 그것은 마지노선에 서 있는 그녀들의 한 떨기 자존심이다. 그녀들은 부끄럼쟁이 남자가 다가와주기를 간절히 기다리고 있다. 상황은 아주 긍정적이다. 그녀에게 만나자고 전화를 하고, 밥을 먹고, 차를 마시고, 영화를 보고, 길을 걸으며, 편안하게 이야기를 하면서 당신을 보여주기만 하면 된다.

나이가 넘칠 대로 넘친 사람들은 현재 너와 내가 촬영장에 선 주인공 남녀라는 것을 인지한 이상, 주저하면 안 된다. 망설이고 생각하며 보내는 시간만큼 상황은 점점 부정적으로 기우는 것이다. 늦지 않는 타이밍은 정말 치명적이다. 당신이 좋은 남자라고 생각했던 그녀의 입에서 기다리다 지쳐 "뭐야, 진짜!"라는 말이 나오기 전에 속전속결로 첫 타를 날려야 하는 것이다. 일단 첫 타는 날리고 보는 것이다. 마흔이 다 되었다고, 아니 마흔을 훌쩍 넘겼다고 해도, 데이트한다고 결혼하는 것은 아니다. 확신이 없고 두렵기는 서로 마찬가지다. 일단 만나보고 이야기를 해봐야 인생에 결혼이라는 이야기가 펼쳐지는 것이다.

부끄러움이 많은 당신, 여자와 둘이 있으면 어쩔 줄 몰라 하고 어색해서 두렵기만 한 당신. 당신은 아마 생각할 것이다. 주저할 것이다. 기도할 것이다. 그리고 동굴에 들어갈 것이다. 그러나 당신이 움직이지 않는 한 당신의 마음속 깊은 곳에서 진심으로 원하는 인생의 변화는 일어나지 않는다. 시간이 지난다고 해결될 일도 아니고, 백마 탄 용감한 여왕이 나타나 당신을 구원해줄 일도 만무하다. 우물쭈물하다간 마흔다섯, 쉰 살이 코앞이다.

당신에게도 아내가 차려주는 아침을 먹고, 아들과 공놀이를 하고, 딸아이에게 아이스크림을 먹여주고 싶은 로망이 있을 것이다. 당신의 마음속, 그 마음속에 사는 소망을 위해서라도 용기 내야 하지 않겠는가.

부끄러움과 결혼할 것인가, 따뜻한 밥을 함께 먹을 인간여자와 결혼할 것인가는 당신의 선택이다. 당신이 그리스도인이 된 이상 어쩔 수 없는 것, 이기지 못할 것은 없다. 당신의 과한 부끄러움과 용기 없음이 어디서 기인한 것인지 모르겠다. 초등학교 때의 왕따 경험이거나 엄마와의 매끄럽지 않은 관계 때문일 수도 있다. 하지만 그 부끄러움이라는 연약함 때문에 당신이 사랑을 놓치고 있다면 어찌하면 좋을까. 그리스도는 모든 연약한 것을 고치기 원하신다. 관건은 우리가 이 사태의 심각성을 얼마나 인지하고 있고, 간절히 변화를 갈망하며, 가난한 마음으로 그분을 의지하는가에 달려 있다.

열두 해 동안이나 혈루증으로 앓는 여자가 예수의 뒤로 와서 그 겉옷 가를 만지니 이는 제 마음에 그 겉옷만 만져도 구원을 받겠다 함이라. 예수께서 돌이켜 그를 보시며 이르시되 딸아, 안심하라. 네 믿음이 너를 구원하였다 하시니 여자가 그 즉시 구원을 받으니라(마 9:20-22).

부끄러움 때문에 사랑을 피하고, 사랑을 놓치고 있는, 바로 그 남자라면 오늘밤 당신은 혈루증 걸린 여인이 되어 예수 그리스도 앞에 서길 권한다. 부디 부끄러움에서 구원받고 사랑을 잡게 되길 바란다. 막상 해보면 그리 어렵지 않다. 두 눈 딱 감고 '뻥' 하고 공을 차기만 하면 된다. 경기장 밖으로 도망치는 일은 하지 말자. 경기장 밖에는 사랑이 없다.

그녀가,
내 마음 받아줄까요?

혹시나 그녀가 시큰둥해도 괜찮고,
그저 좋아죽겠거든 반드시 꽉 잡아라.
그녀는 사랑을 기다리고 있다.

'아름다운 그녀는 높고 높은 나무 위에 달린 감 같다. 내 주제에 감히 넘볼 수 없는 존재이기에 우린 언제나 친구일 수밖에 없다. 볼 때마다 설레고 심장은 뛰어댔으나 더 이상은 안 돼. 괜히 용기 냈다가 어색해지기라도 한다면… 생각만 해도 끔찍하다. 본전도 못 찾을 바에 내 자존심만이라도 지켜야지. 그래, 그녀가 나의 고백을 받아줄 리 만무해. 친구의 이름으로 곁에 있어주어 고맙다.'

스스로 다독였는데, 어느 날 갑자기 나보다 하나도 나을 것 없는 그놈 팔뚝에 가녀린 그녀의 손목이 착 하고 감겨 있었으니. '저놈이 대체 뭔 짓을 했기에!' 원래 내 것을 도둑질 당한 양 밑도 끝도 없는 상실감과 당혹스러움이 덮칠 때, 맘에 둔 그녀를 눈앞에서 놓쳤을 때를 기억하는가.

그러게. 그놈은 대체 그녀에게 무슨 짓을 한 것일까.

받아본 놈이 줄줄도 안다

대답은 하나다. 그놈은 그녀의 진짜 마음을 알아줬을 뿐이다.

'사랑도 받아본 사람이 받을 줄 안다'라는 슬픈 말이 있다. 나는 이 말을 아들을 키우면서 절감한다. 아들 민혁이는 사랑받으면서 자라고 있다고 생각한다. 우리 부부는 최선을 다해 사랑을 주면서 애착 형성에 상당한 신경을 쓰고 있다. 상실이 많았던 내 어린 시절의 보상 심리이기도 하다. 아빠 엄마의 사랑이 있는 집이 세상의 전부인 민혁은 집밖을 나가면 만나는 모든 이들이 자신을 사랑해줄 것이라 확신하는 것 같다. 엘리베이터에 만나는 사람들마다 '빠이 빠이'를 하고, 먼저 웃고, 애교를 부린다. 버스를 타도, 지하철을 타도 모두 웰컴이다. 병원에 가면 간호사들에게도 특유의 애교가 작렬한다. 그래서 민혁이는 정말 어디를 가나 귀여움을 받고 뭔가를 얻어먹고 온다. 귤, 사탕, 과자, 비타민 등 종류도 다양하다. 사랑을 믿는 민혁의 외출은 풍성하다.

이십대 후반쯤 또래 여자들을 만나 한 달간 함께 여행한 적이 있었다. 사연을 들으니 모두가 사랑받고 잘 자란 처자들이었다. 그녀들과 한 달을 보내면서 느낀 것은 '벽이 없다'는 것이었다. 그녀들은 이면이 별로 없었다. 거절에 대한 두려움도 없어서 모든 것을 편안하게 표현했다. 두려움이 없기에 애써 감추는 것도, 굳이 말 못하는 것도 없었다. 그녀들은 맑았다.

반대로 상처가 많은 여인들은 두려움이 많다. 사랑으로 보호받지 못했기에 자신을 스스로 보호하길 원한다. 애인이 생길 만한데 계속 홀로인 여인들이 있다. 털털한 듯하나 뭔가 어렵고, 진짜 애인은 없고, 마음을 연 듯하나, 또 다시 냉정하고. 그녀가 혼자인 이유가 눈이 높아서라고 생각할 수 있겠지만, 정작 그녀들은 스스로에게 자신감이 없을 뿐이다. 단지 자신을 보호하기 위해 높은 벽을 쌓고 생존한다. 당신의 근거리 안에 있는 마음에 드는 그녀가 보이는가? 장담하건대 애인이 없는 그녀, 그렇지만 남자들이 가만 놔두지 않을 것 같은 그녀, 당신을 포함한 모든 남자들이 아무도 안 건드리고 있을 확률이 높다. 남자들은 그녀가 예쁘고 매력적이지만 다가가기 어렵다고 느낀다. 용기가 없다. 때로는 완전히 연애선상에서 내려놓는다. 까칠하고 도도하고 자존심 강한 여자는 피곤하니까. 그렇게 제외된 그녀들 중 당신의 사랑이 필요한 여자가 얼마나 많은지 모른다.

그녀에게는 사랑이 필요하다. 그녀에게 진실한 사랑을 줄 남자를 기다리고 갈망한다. 하지만 자매들은 스스로 만든 벽 안에 갇혀서 어찌할 줄을 몰라 하며 외로워하고 있다. 이것을 알아차리는 남자가 그 여자의 짝이다.

도도한 그녀의 속마음

진아는 누가 봐도 예뻤다. 아니, '빼어나다'는 표현을 쓰고 싶을 정도다. 진아는 어느 날 자신에 관한 이야기를 적은 메시지를 내게 보내왔다. 이것이 바로 도도하고 차가워 보이는 그녀들의 속마음이다.

저는 아버지와 오랫동안 떨어져 지냈습니다. 아버지가 경제력이 없어서 저희 남매는 궂은일을 하는 어머니 밑에서 키워졌지요. 그래서인지 저는 자라면서 남자를 믿지 못하고 무시하고, 남자처럼 말하고 행동했어요. 외모 덕에 관심의 대상이 되긴 했지만, 서른이 다 되도록 제대로 된 연애 한 번 못해보고 사랑이란 걸 받아보지도 못했습니다. 그러다 지금은 너무 좋은 사람을 만나서 조심스럽게 사랑을 키워가고 있답니다.

그런데 교회에서 가깝게 지내는 자매 중에 사랑스러운 친구가 있어요. 그 자매는 가정도 화목하고 행동도 예뻐서, 그 아이만 보면 자존감이 낮아져요. 그 친구를 보면 계속 마음이 쓰이고 저는 한없이 작아집니다. 제가 봐도 사랑스럽기만 한 아이를 미워하게 되어 속상합니다. 오빠가 그 친구를 매력적으로 느끼지 않을까 걱정도 됩니다. 게다가 얼마 전, 어떤 일로 인해 엄마가 갑자기 저희 곁을 떠나게 되었어요. 이래저래 복잡한 감정 안에서 오빠에게 투정부리고 불안해하고 있답니다. 이런 제 자신이 좀 한심해요. 오빠의 가정은 너무 따뜻하고 행복해 보입니다. 그런 가정에서 자란 오빠는 정말 좋은 사람이죠. 놓치고 싶지 않습니다. 어렵게 찾아온 사랑, 꼭 지키고 싶어요.

진아는 많은 것을 극복하고 사랑하는 사람을 만났지만, 계속되는 내적 싸움을 하고 있다. 이런 갈등이 그녀 안에 존재한다. 드러나지 않는 이 마음의 싸움을 알아차리고 다독여주고 위로해주는 남자가 그녀들에게는 필요하다.

눈치껏 알아주는 센스

마음에 드는 그녀가 도도해 보이고 차가워 보여서 머뭇거리고 있다면, 그녀의 도도함이 어디서 기인한 것인가를 찾아보길 바란다. 태생적으로 인간에 대한 배려가 없는 캐릭터가 아닌 이상, 무언가 감추어둔 비밀, 말 못할 사정들이 그녀들의 인생에 있다. 주님은 누군가가 그녀들을 품고 사랑하기를 원하신다. 그녀들도 스스로 벽을 부수기 위해 노력해야겠지만, 남자 쪽에서 그녀들이 쌓아놓은 벽을 넘기를 두려워하지 않아야 한다. 당신이 마음에 품고 있지만 용기 없어서 제쳐놓은 그녀가 있다면, 이제 그녀와 도란도란 이야기할 기회를 만들어라. 같이 커피를 마시고, 길을 걷고, 이야기를 많이 하라. 따뜻한 남자 콘셉트로 다가가 조심스레 아버지에 대해 물어봐라. 그렇게 하나둘씩 그녀의 마음을 열어가는 것이다. 물론 당신은 진실한 태도여야 한다. 주말에 만나자고 한번 연락해보면 알 것이다. 의외로 그녀들은 주말에 약속이 없다. 그리고 기도하라. 하나님의 적절한 '타이밍'을 위해. 살아 계신 주님은 남녀 문제에 적극 관여하시는 스타일이다. 그리고 바로 그 '때'에 그녀의 벽을 자신감 있게 넘어라.

겉모습 말고 속마음을 봐라

만일 그녀가 먼저 밥을 먹자거나, 영화를 보자고 연락했다면 그것은 그냥 연락한 일은 아닐 가능성이 매우 농후하다. 내가 주변의 도

도녀들을 좀 봐와서 아는데, 그녀들이 누군가에게 연락했을 때는 '각오'를 아주 그냥 단단히 한 것이다. 그러나 만나면 사실 그렇게 대단한 각오를 한 게 아닌 것 같다는 착각을 불러일으킨다.

그녀가 만나자고 해서 나갔는데, 정작 말도 많이 하지 않고 리액션도 없다. 그녀는 나를 도대체 왜 만나자고 한 걸까 싶다. 그녀를 조금 참아주면 된다. 그녀들은 감정을 표현하는 데 서툴다. 두려워한다. 남자는 '뭐야? 내가 심심풀이 땅콩인 거야? 내가 엄청 불편한가 봐' 하며 오해하는 것은 당연하겠으나 그녀가 먼저 연락했을 때는 다 이유가 있는 것이다. 안 그래도 긴장되는데, 그녀는 제가 보자고 해놓고 시큰둥하다. 데리고 간 밥집이 맘에 드는지 마는지 감도 못 잡겠고, 힘들게 주제를 선정해서 이 얘기 저 얘기하는데, 단답형으로만 대답하고, 뭔가 속 터지는 상황이 계속 연출될 것이다. 그러나 그 순간, 그녀가 당신에게 먼저 연락을 했다는 사실만 믿어주자. 그 만남이 별로였어도, 꼭 한번, 이번엔 당신이 먼저 연락을 해서 기회를 주어라. 사람 하나 살린다고 생각하고 은혜 베풀어주시기를 간절히 부탁한다.

혹시나 그녀가 시큰둥해도 괜찮고, 그저 좋아죽겠거든 반드시 꼭 잡아라. 그녀는 사랑을 기다리고 있다.

한번은 어떤 처자가 이런 말을 했다. "언니, 내 샘에는 아무도 물을 마시러 안 와. 남자들은 여기에 호수가 있는 줄도 몰라."

알고 있다. 남자들도 그저 용기 내기에는 아픔이 많고 상처가 많다. 피차 쌍방간의 사랑이 필요한 것이다. 하지만 나는 이 시대의 남자들이 여자의 인생을 전체적으로 살펴보고 이해하고 품어주는 큰 사랑을 해보길 권하고 싶다. 이 시대는 서로에게 그런 사랑이 필요하다. 표면이 아닌 이면을 볼 줄 아는 안목에 좋은 감정에 깃들 때, 그 사랑은 힘을 가진다. 그녀의 벽은 벽돌로 만들어진 게 아니다. 스티로폼 벽이다. 당신이 달려들어도 다치지 않는다. 그녀는 당신으로 인해 구출될 것이다. 이면을 볼 줄 아는 당신의 힘 있는 사랑으로.

2

속 보이는

당신의 행동에

따끔 충고

하나님이
너랑 사귀래

그들에게 일어난 일을 사람들에게 이야기했을 때
모두가 감동으로 고개를 끄덕여야 한다.

나는 일주일에 한 번씩 인터넷 라디오 방송에서 연애 상담을 하고 있다. 청춘남녀의 사랑에 관한 고민들은 설레기도 하고 아름답기도 하고 안타깝기도 하다. 그런데 가끔 나를 욱하게 만드는 사연이 있다. 바로 다음과 같은 사연들이다.

같은 교회, 한 남자와 한 여자가 있다. 혼기가 꽉 찬 여자는 같은 조 리더로 이 남자를 만났다. 어느 날 남자가 여자에게 고백한다. '기도 중에 네가 배우자라는 응답을 받았어.' 남자를 전혀 마음에 두고 있지 않았던 여자는 여전히 솔로인 자신의 현실을 직시하고, 또 기도 중에 응답받았다는 말에 마음이 흔들린다. 여자는 곧 마음을 열고 교제를 시작한다. 6개월쯤 흘렀나, 남자가 말한다.

'기도의 응답이 아닌 것 같아. 내가 잘못 들은 모양이야.' 그리곤 헤어지자고 말한다. 여자는 이별의 아픔보다 인간적인 배신감과 황당함에 치가 떨린다. 농락당한 기분이다. 자신의 바보 같은 선택에 수치심을 느끼며 상처 받는다. 그리고 잠시 후 그 남자, 같은 교회의 다른 자매와 연애를 시작한다. 여자, 두 번 죽었다.

어이없고 불쾌한 이야기이다. 무엇보다 깨끗하고 진실되어야 하는 남녀 관계에서 영적인 분위기를 풀풀 풍기며 하나님의 이름을 파는 인간들, 정말 나쁘다. 자기 확신이 강하고, 영적 확신이 강하고, 하나님의 음성을 정확하게 듣는다는 그들이 저지르는 만행은, 정말이지 달려가 한대 때려주고 싶다.

기도했더니, 하나님이 너라고 하셨다?

배우자를 인도함 받을 때, 기도 응답은 중요하다. 하나님이 주시는 확신, 평안함, 환경의 인도를 잘 점검해야 한다. 그러나 너무나 극적이고 영적인 응답만 기준으로 삼으려 한다면 조금 위험하다고 말하고 싶다. 하나님이 그렇게 하실 수 없는 분이 아니어서가 아니라, 하나님이 너무도 중요한 배우자의 문제를 굳이 그렇게 알쏭달쏭한 방법으로 인도하기를 즐겨하는 분은 아닌 것 같아서이다.

이십대 초반에는 나도 누군가 이런 초자연적인 현상을 통해 응답 받았다고 하면 일단 주눅부터 들었다. 부러웠고 경이로웠다. 그런데 이런 일에 대해 검증하는 나름의 기준이 생겼다. 그 기준을 알려준 사건이 있었다.

20대 후반에 나는 몸담았던 선교단체에서 학생들을 데리고 일본에서 개최한 컨퍼런스에 참석했다. 비행기 안에서 내 옆에 앉은 한 남자에게 자꾸 신경이 쓰였다. 그는 자리에 앉자마자 기도하기 시작했다. 그에게서 풍기는 아우라가 범상치 않았다. 일본에 도착해서 입국신고서를 쓰고 있는데 그 남자가 다가와 이 팀의 리더가 누구냐고 물었다. 나라고 답하자, 그가 말을 풀어놓기 시작했다 "내가 오늘 회사를 가는 길에 하나님이 갑자기 일본행 비행기를 타라고 하셨습니다. 그런데 이런 선교단체와 만나다니, 하나님이 역사하셨군요. 함께 가면 일할 동역자들을 만나게 해주겠다고 하나님이 저에게 말씀하고 계십니다."

"네?" 나는 입국신고서를 쓰며 최대한 시간을 벌었다. 당황스러웠다. 어찌해야 할지 몰랐다. 그리고 그때까지만 해도 순진했던 나는 '진짜 우리 팀을 통해 뭔가 하시려나?'라는 의문을 살짝 가지기도 했다. 내가 속 시원한 대답을 하지 않자 남자는 마침 마중 나와 있던 일본 측 대표에게 가서 상황을 다시 설명하고 있었다. 그 남자의 이야기를 들은 일본 측 대표는(그는 나이 지긋하고 경험이 많은 사람이었다.) "아, 그런 일이 있었군요. 하지만 저는 오늘 하나님께 그런 이야기를 들은 바 없기에 우리 팀은 아닌 것 같습니다"라고 대답했다. 너무도 지혜롭고 여유 있는 대답이었다. 나는 무릎을 쳤다. 그 간단한 원리를 왜 몰랐던 것일까.

이 원리는 배우자를 찾는 것에 영적인 확신만을 갈망하는 일부 청춘남녀들에게도 적용할 수 있다. 초자연적인 방법으로 응답받는 것에 객관적인 공신이 서려면 적어도 두 사람이 똑같은 내용의 꿈을 꾸었다거나, 두 사람이 동시에 똑같은 말씀을 받았다거나 하는 정도는 되어야 한다. 그리고 그들에게 일어난 일을 주변의 충성된 사람들에게 이야기했을 때 모두가 감동으로 고개를 끄덕여야 한다. 주인공 남녀의 사랑에 관한 욕망이 지나쳐, 기도 응답이 스스로 빚어낸 내적 해프닝이 아닌 것을 검증해주어야 한다.

하나님이 즐겨 사용하시는 방법인가

나는 초자연적인 현상과 응답 자체를 부인하는 사람은 아니다. 하지만 앞에서 언급한 사연에서처럼, 배우자를 인도받는 중요한 문제에 있어서 상대에게는 상당히 비인격적일 수 있는 방법을, 인격적인 하나님께서 함부로 사용하시지는 않는다는 것이다.

때로 형제들이 사랑 문제에 있어서 일방적으로 기도 응답을 받았다며 '너는 이제부터 내 것'이라고 우기지만, 결국 자기 욕심을 관철시키는 데 하나님의 이름을 사용하는 실수를 범하는 것은 아닐까. 자신의 '절제치 못하는 감정'과 '하나님의 음성'을 분간해내는 것은 사실 어렵기 때문이다. 절실한 사랑의 문제에 있어서는 더더욱 그렇다. 그들은 자신의 욕망이 만들어낸 하나님의 음성에 꽂힌 나머지 관계의 실질적 거리, 상대의 마음, 기본적인 예의 등을 무시한다. 당연히 좋은 열매를 맺는 과정이 될 수 없다. 극적 응답이 일종의 '서프라이즈' 파티와도 같은 것이라 가정한다면, 그분의 서프라이즈는 기쁨과

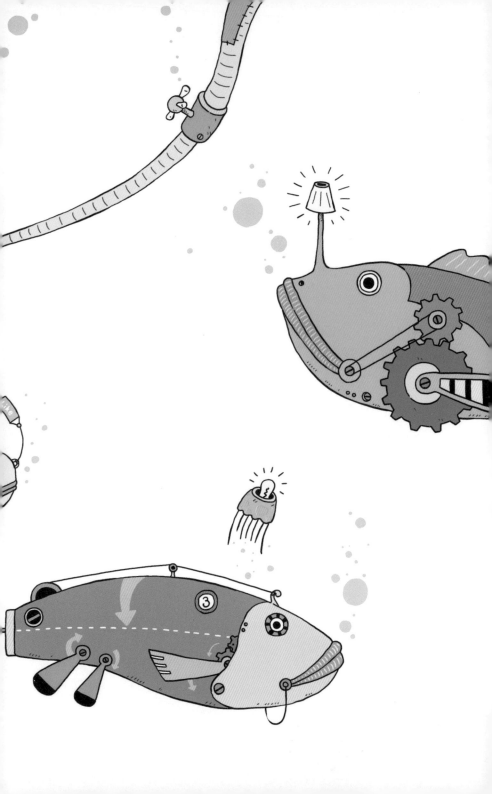

감사가 따라오기 마련이다. 당혹스러움과 혼란을 가져오는 서프라이즈는 아니란 말이다. 위로부터 오는 생각은 평화롭고 아름다운 것이다. 우리의 감정적인 욕심에 기도 응답이라는 말을 이용하지 않았으면 좋겠다. 정말 응답을 받았다는 확신이 들어도 상대에게 함부로 말하지 말고, 관계의 흐름과 상대의 사정을 관찰하고, 신뢰할 만한 사람들과 이야기를 나누어야 한다. 실제 서로의 마음을 돌아보는 성숙한 태도가 필요하다.

내가 알고 있는 하나님은 배우자 문제를 이렇게 해결하실 것 같다. 아주 특별한 경우를 제외하고 그분은 매우 인격적이고 상식적이고 자연스럽게 인도하실 것이다. 그분은 청춘남녀들의 위기가 찾아올 때 그들에게 좋은 조언자를 보내주신다. 심하게 싸웠을 때 먼저 사과하고 다가갈 용기를 주신다. 프러포즈 하고 싶지만 주저하는 남자에게 아이디어를 주신다. 그분은 극적 상황에만 존재하시는 것이 아니라, 자연스러운 일상의 순간에도 충만히 존재하신다.

하나님이 너랑 헤어지래

한 가지 더, 헤어질 때도 하나님의 이름을 들먹이는 형제의 경우가 많다. 이 이야기를 좀 해보자. 이별을 원하는 진짜 이유는 그녀의 매력이 생각보다 약했고, 별로였기 때문이다. 더 이상 구미가 안 당기고 재미없어졌다. 슬슬 관계에서 갈등은 생기는데 그저 부담스럽고 귀찮다. 그게 이별의 진짜 이유다. 그런데 이별의 자리에 또 하나님의 이름을 들먹이는 것이다. 그 남자에게 질질 끌려 나가, 악역을 대신하는 하나님은 얼마나 억울하실까.

게다가 우리의 영적인 형제들, 헤어진 여자에게 말씀 문자메시지 서비스를 종종 해대신다. 말씀 안에서 위로받으라는 건지, 우린 주 안에서 한 가족이니 미워하지 말자라는 것인지, 아니면 이미지 관리 인지. 이 개념 없음의 끝은 어디인가. 묵상은 혼자하는 거다. 그 말씀 에 은혜를 받았다고? 그러면 자기 자신의 뼛속에 새기면 된다. 끝까 지 고상한 척, 거룩한 척, 헤어진 자매에게 문자메시지를 보내는 남 자, 정말 아니올시다.

주인공은 바로 당신

사랑하고 싶을 때, 자신의 내면을 전면에 내세우기 두려워 하나님 이라는 간판을 걸거나, 자꾸 하나님 뒤로 숨지 말자. 사랑에 있어서 당신은 당신 자신을 앞세워야 한다.

어떤 찬양인도자가 이런 말을 하는 것을 들은 적이 있다. "저는 열 등감이 많은 사람이라 사랑에 자신이 없었습니다. 그런데 저는 별로 이지만, 내 안에 계신 하나님이 너무 멋져서 아내가 내 안에 있는 하 나님을 보고 날 근사하게 여겨줍니다."

얼핏 들으면 참 좋은 말이다. 그런데 한 번 더 생각해보면 아니다. 어떤 남자이든 그 존재만으로 가치 있고 사랑받을 만하다. 그 안에 계신 하나님이 멋진 것 맞다. 하지만 결국 하나님은 그를 멋진 남자 로 만들어갈 것이다. 사랑에 있어서 주인공은 당신이다. 자꾸 그분의 뒤로 숨지 말고 용기 있게 사랑과 대면해야 한다. 사랑에 있어 당신의 권리, 당신의 선택, 당신의 가치, 당신의 판단을 믿어줘라. 남자어른으로 도움을 구하며 하나님과 동행하는 것과, 그저 아기처럼 하나님 옷자락 뒤에 숨는 것은 매우 다르다. 영적인 가면을 쓰고서는 제대로 된 박 터지는 사랑을 할 수가 없다.

혹시, 사랑이 두려워서 자꾸 하나님의 뒤로 숨고 싶은 것이 아닌지 모르겠다. 남자어른이 되라. 하나님의 추궁에 하와 뒤로 숨었던 아담처럼 여자의 사랑 앞에 하나님 뒤로 숨는 남자는 되지 말자. 영적 가면을 벗자. 당신은 있는 그대로 멋진 구석이 많은 남자다. 당신의 민얼굴을 보여줘라. 인간적인 당신이 얼마나 매력적인지 그녀에게 알려주라.

영화처럼 연애하고픈 남자

우리는 하나님이 원하시는 답은 모두 패스, 패스하며
내가 원하는 결혼만 내놓으라고 한다.

종종 사랑에 관한 로망이 웬만한 여자들보다 짙은 남자들을 만날 때가 있다. 현실이 혹독해도 사는 게 만만치 않아도 사랑만은, 사랑만은 진한 핑크빛이어야 하는 남자들. 그렇기 때문에 그들이 꿈꾸는 사랑 속 여자주인공 또한 당연히 이상적이어야 한다. 그녀가 이상적이지 않다면, 그가 그토록 바라는 로맨스 영화 같은 연애가, 뻔한 일일연속극이나 지루한 다큐멘터리로 변질될 수 있기 때문이다. 이상적인 사랑을 위해 반드시 '아름다운 그녀'의 등장이 절실히 필요한 그들은 환상을 품고 살아간다.

여자들만 백마 탄 왕자님을 기다리는 것이 아니다. 실제로 많은 남자들이 동화 속 그녀를 기다리고 또 기다린다. 물론 나는 20대 남자들이 공공연히 떠드는 '필feel'에 마음 빼앗기는 것을 질책하고 싶지 않다. 어쩔 수 없이 거쳐야 하는 과정이니까. 하지만 군대도 다녀오고, 서른 살을 넘겨, 마흔을 바라보는, 게다가 주님 만났다는 남자가 여전히 필따라 삼매경에 빠져 있는 경우를 보면 그렇게 안타까울 수가 없다.

그들의 특징 중 하나는 한때 불같은 사랑했다는 것이다. 연애편지 30장은 기본이다. 사연도 구구절절, 차가 쌩쌩 달리는 도로에 뛰어든 적도 있고, 한 여자에게 서너 번 매달린 사연은 우습기까지 하다. 이 각박한 세상에 순정파들은 어찌 그리 많은지. 한 여자를 못 잊은 채 이십대를 그냥 보낸 이도 수두룩하다.

그리하여 '백마 탄 왕자' 만큼이나 만나기 어렵다는 '동화 속 그녀'가 사랑의 기준이 된다. 황금 연애시절처럼 절절함이 없으면 사랑이 아니요, 그때 그녀만큼 내 심장을 뛰게 할 수 없으면 운명이 될 수 없다는 것이다. 그때처럼 내게 절대적이었던 사람, 운명의 그녀와 할 폭풍 같은 사랑을 기다린다.

가슴 아픈 사랑을 해본 것, 인정한다. 그러나 당신의 현재스코어를 까먹은 듯하여 다시 한번 이야기해주겠다. 나이는 30대(외모는 어쩌면 40대)인데 마음만 소년인 당신의 사랑, 이대로 괜찮을까?

동화 속 그녀를 기다립니다

"운명의 짝이 있을까요?"

연애에 관한 질문들 중 빠지지 않는 질문이다.

이 질문에 이렇게 답하고 싶다. "하나님은 결혼할 사람을 인도해주시고 운명은 네가 만드는 것이다."

하나님은 우리 결혼에 대해 두 손 놓고 계시는 분이 아니다. "주님 도대체 왜 이러세요? 저 언제 결혼시켜주실 거예요?"라는 기도에 "앗, 그간 내가 너무 바빠서 깜박했네. 미안~" 이러시지 않는다. 그분은 나보다도 더 내 결혼과 배우자에 대해 많은 생각을 하시는 분이다. 눈치 채지 못했을 뿐 꽤 많은 사람들을 후보자로 선정하여 주변에 두시고, 눈앞에 왔다 갔다 하게 하셨다. 내 마음의 한계가 그 사실을 보지 못했을 뿐이다. 하나님은 언제나 우리 인생에 후보자들을 등장시켜주신다. 그런데 단지 내가 원하는 그녀가 아니어서, 내가 생각한 결혼이라는 그림에 안 어울려서, 내가 기대한 설렘의 크기와 맞지 않아서 돌려보내고 또 돌려보낸다.

그러고는 고독을 씹으며 지난 첫사랑만 한 여인이 없다며, 그녀의 긴 생머리를 그리워한다. 다시 한 번 내 마음에 큰 파장을 일으키며 등장할 어딘가에 존재할 그녀를 기다린다. 오직 그녀만이 나를 행복하게 할 수 있다는 믿음이 사랑으로 가는 길을 막아버린다.

나는 누구보다 사랑의 감정을 아름답다고 생각하고 설레어 하는 사람이다. 드라마 속 남녀 주인공의 갈등에 마음 졸인다. 갈등이 해소되는 마지막회는 반드시 주인공의 해피엔딩을 보기 위해 어떡해서든지 아기를 10시 전에 재우려고 갖은 수를 쓴다. 나는 남녀간 사랑을 정말 고귀하고 아름답다고 생각한다. 그러나 동시에 그리스도인들의 사랑은 조금은 더 단순해질 필요가 있다고 생각한다.

사랑의 감정을 인격적으로 소화하고 다스릴 수 없는 지점, 그 지점을 넘어서는 것은 건강한 사랑이 아니라고 생각한다. '사랑을 잃으면 세상이 끝나는', '그녀가 아니면 죽을 것 같은', '네가 아니면 절대 안 되는', '도무지 잊을 수 없는' 그런 사랑은 없다, 라고 감히 생각한다.

사랑은 통제할 수 없는 감정이 아니다. 사랑은 인격이고, 성품이며, 선택이고, 결정이다. 성경은 그리스도의 제자가 되려면 옷 두 벌만을 가지는 단순한 삶을 살아야 한다고 말한다. 사랑도 마찬가지이다. 사랑 역시 제자도가 있는 삶 안에 자리를 잡아야 한다.

감정이 애절하다 못해 인생을 삼키는 사랑, 그런 사랑은 죄다. 우상숭배이기에 죄고, 실제로 주체할 수 없을 만큼 육체적인 사랑으로 몰고 가기에 죄다. 우리를 다스리는 절대적인 사랑, 그리고 절대적인 사랑에 사로잡히고자 하는 욕망은 반드시 다스려야 한다. 나를 만족시킬 여인에 대한 그리움, 기다림, 맹목적인 믿음, 환상이자 결혼에 대한 무지이다.

그리스도의 인생을 운영하는 것은 두 가지이다. 하나는 하나님의 주권, 또 하나는 나의 자유의지 선택이다. 사랑은 인생을 이끌어가는 주권자가 아니다. 사랑에게 주도권을 주어서는 안 된다. 사랑이 나를 다스리게 해서도 안 된다. 하나님이 인도하시면, 그다음은 바로 내가 사랑을 선택하고 이끈다.

그러므로 나는 사랑이 모든 것의 이유가 될 수 있는 이 시대에 그리스도인들이 조금은 더 단순하게 사랑하기를 제안하고 싶다.

사랑을 이루어가는 과정

그리스도인 형제에게 다시 한번 말하고 싶다. 어떤 절대적인 그녀가 있는 것이 아니라, 내가 사랑하고 결혼하기로 한 그 사람이 절대적인 사람이며 운명의 짝이다. 이것은 불같은 감정만으로는 사랑을 만들낼 수 없다는 사실 때문에 가능하다. 그리스도인들이 추구하는 사랑은 고린도전서 13장이다. 남녀간 사랑도 마찬가지다. 아가서와 같은 로맨스도 있으나 결혼생활 안에서 고린도전서 13장이 이야기하는 사랑은 필요 절실하다.

수건을 아무 데나 던져놔도 오래 참고

나 모르게 카드를 긁었어도 온유하며

아내가 나보다 인정받을 때 시기하지 않으며

싸운 뒤 '나의 잘못은 절대 없어!' 교만하지 않으며

애 낳고 나온 똥배에 '살 좀 빼라!' 무례히 행치 않으며

새벽에 우는 아이 모른 척, 자기의 유익만 구하지 아니하며

모든 것을 참으며, 모든 것을 믿으며, 모든 것을 바라며

모든 것을 견디는 것이다.

결혼은 이렇게 고린도전서 13장의 과업을 이루는 과정이 아닐까. 배우자를 사랑하고, 아이들을 사랑하며, 이웃을 사랑하는 삶. 매일매일 로맨틱하거나 격정적이지도 않은 평범한 사랑은 본성을 거스르고 도를 닦는 것과 같다고 할 수 있다. 그러나 그것이 진짜 사랑이다.

하나님은 결혼을 향해가는 모든 과정에서, 결혼 후 진행되는 일상에서 이런 인격을 담은 이타적인 사랑을 이루어가기를 원하신다고 믿는다.

우리는 '결혼'이라는 답을 원하지만 그분은 '결혼까지 가는 나의 마음'을 답으로 원하신다. 나에게는 결혼이 응답이지만, 그분에게는 내가 욕심을 내려놓는 것이 응답이라 생각하실 거다. 결혼에 대한 성경적 가치관을 세우는 것이 답이라고 생각하실 거다. 한 사람을 진심으로 연모해 흘리는 눈물이 고통이 담긴 진정한 사랑이라 생각하실 거다. 그런데 우리는 하나님이 원하는 답은 모두 패스, 패스하며 내가 원하는 결혼만 내놓으라고 한다. 진도를 나갈 수가 없다. 지금도 운명의 그녀를 기다리는 당신, 그녀라는 답을 얻기 원하는 당신에게 하나님은 무엇을 원하실까.

진정한 사랑을 경험하길 원하는가? 진짜 사랑이 하고 싶은가? 그렇다면 사랑이 어딘가에서 오는 것이 아니라 내 선택에서 시작되는 것임을, 그 의미를 곰곰이 생각해보자.

당신의 선택이 사랑이 된다

끝내 덮지 못했던 동화책의 마지막 장을 덮을 때가 되었다.

누나가 읽던 《신데렐라》를 어깨너머로 훔쳐보다 벌어진 불상사인 '동화 같은 연애'를 버리고 이제 현실의 남자가 되라. 고린도전서 13장의 사랑을 실천하는 남자, 너무 근사하지 않은가. 어디에서부터 성장판이 멈추었는지 모르겠으나, 그리스도인다운 사랑을 기대하고 꿈꾸면 좋겠다.

　"여자가 혼자 살면 쌀이 서 말이고, 남자가 혼자 살면 이가 서 말"
이라는 옛말이 있다. 여자들보다 남자들의 싱글 생활에 애로사항이
더 많다는 뜻이다. 남자도 값 떨어진다. 이제 그만 운명의 짝, 나만의
그녀, 필이 충만한 그녀에 대한 기다림은 내려놓고, 좋은 여자를 운
명의 짝으로 선택해 열렬히 사랑하시길 바란다. 사랑 찾기는 이상형
찾기가 아니다. 꼭 그녀가 아니어도 괜찮다.

그녀를
두 번 죽이는
데이트

많은 헌신녀들은
자신을 여자에서 열외시키는 현실에 아파하고 있다.

일주일에 한 번씩 어김없이 돌아오는 주일, 피곤에 절어 세수만 겨우 하고 교회를 가던 당신은 "오빠, 피곤해보이세요." "야, 너 오늘 다크써클 내려왔다"는 주위의 걱정을 매번 들었다. 그런데 언젠가부터 당신은 주일 아침만 되면 전보다 30분이나 일찍 일어나 '머리 괜찮나?' 하며 거울도 보고, '이 옷 너무 우중충해 보이진 않나?' 신경 쓰게 되었다. 그렇다. 얼마전부터 예배를 함께 드리고 있는 새신녀 때문이다. 교회 안에도 이런 서광이 비칠 수 있구나! 당신을 향한 주님의 신실하심이 느껴지던 날, 새신녀가 햇살 같은 웃음과 함께 "오빠!" 하고 당신을 부르며 자판기 커피를 뽑아주던 그날, 그날 이후로 당신은 거울 보는 남자가 되었다.

자매들에게 둘러싸여 살면서도 여자가 없다고 한탄하던 교회생활

에 비로소 여자가 등장한 순간이리라. 쳇, 일단 한국 교회 자매들을
대표하여 한 번 삐쳐주고 이야기를 이어가겠다.

뭐, 이해가 안 가는 것은 아니다. 그럴 만도 하다. 교회 안 여자들
은 차고도 넘치지만 어릴 적부터 봐왔던 동생들은 이미 주 안에서 한
가족이기에 그녀들과 사랑한다는 것은 마치 근친상간처럼 거부감이
드는 일이다. 믿음 좋은 헌신녀들은 하나님나라 위해 동역하는 데야
더할 나위 없이 든든하지만, 군대 동기 같은 그녀들과 로맨스는 좀
거북하다. 게다가 그녀들은 무섭다. 기도하는 그녀들 앞에 설 때면
마음의 죄악이 까발려지는 것 같고, 간혹 가다 잘못된 선택이라고 할
라치면 말씀으로 응징할 것만 같다. 그녀는 선도부 누나 같다. 믿음
직스럽고 신뢰할 수 있어서 무엇이든 물어볼 수 있고 고민이 생기면
시도 때도 없이 그녀들에게 달려가지만 거기까지인 것이다. 마음의
평온을 찾을 수 있을 때까지만 그녀들이 필요하다. 그 이상 로맨스는
없다. 원하지 않는다. 풍요 속 빈곤이라고, 마땅히 연애하고 싶은 여
자는 하나도 없는 당신의 사정, 이젠 잘 안다.

언젠가 "요즘 군대에서는 어떤 걸그룹이 가장 인기 많아?"라고 휴
가를 나온 후배에게 물었다.

"딱히 어떤 그룹이라고 할 수는 없고. 컴백한 순서대로 인기가 있
지 않나 싶어요. 어떤 그룹의 절대적 충성이라기보다는 새 노래, 새
의상, 새 콘셉트로 나올 때 가장 인기가 높아요."

아하! 그런 거였다. '새new'라는 글자가 붙은 것은 언제나 남자들
에게 신선한 것이었다. 뉴 페이스가 그들에게는 매력적인 것이다. 그

러니 '새'자가 붙는 새신녀들도 매력적인 존재겠구나 싶었다. 게다가 아직 이 바닥을 모르는 그녀들은 당신을 억압하지도 응징하지도 정죄하지도 않는다. 나도 남자임을 확인시켜줄 뿐이다. 아직 물들지 않은 그녀들은 아름답고도 아름답다. 뭐랄까, 기존의 헌신녀들이 전쟁터에서 같이 총을 쏘고 수류탄을 던지며 포효하는 동지라면, 새신녀들은 야전병원에서 당신의 상처를 감싸주는 백의의 천사 같다고나 할까.

헌신녀에겐 돌덩이, 새신녀에겐 깃털 같은 당신

그리하여 몇 달 후, 당신은 새신녀와 데이트를 시작하고, 연애를 하고, 때로는 결혼을 한다. 그리고 아주 무심하게도 헌신녀들에게 와서 축가를 부탁한다. 대놓고 거절하긴 치사해서 우리의 헌신녀들, 또 그 남자의 결혼식에서 축가를 부른다. 그녀의 입에서는 '당신은 사랑받기 위해 태어난 사람'이나 '믿음의 가정'이 흘러나오고 있겠지만 그녀의 마음엔 '아리랑'이 나오고 있다는 사실을 아시는지 모르겠다.

새신녀를 선택하지 말고 헌신녀를 고르라는 뜻은 절대 아니니 오해 없기를 바란다. 단지, 헌신녀들에게 그렇게도 주기 어렵던 당신의 마음이 새신녀에게는 다발로 안겨지는 것이 안타까울 뿐이다. 또 새신녀들과의 사랑엔 적극적이면서 기존 자매들의 마음에는 너무 무심한 당신의 마음이 야속하다.

교회 안에서 뉴 페이스와 연애하는 형제들 중엔 헌신녀들에게 마음이라는 것이 있다는 것조차 인식하지 못하는 사람도 있다. '개인의 선택이자 사랑인데 왜 그녀들을 생각해야 하는가?'라고 반문할 수 있을 것이다. 하지만 당신은 그녀들을 지금까지 공동체라는 이름 안에 포함시켜왔다. 그녀들을 위한 배려가 필요하다. 당장 "새신녀와 헤어지고 헌신녀들을 선택해"라는 말이 아니다. 남겨진 그녀들도 여성이라는 것을 인식해주라는 것이다. 당신이 오랜 우정을 나눈 헌신녀들 중 하나는, 새신녀와 데이트를 시작하는 당신의 모습에 한 번 죽는다. 그리고 자신을 무심히 대하는 당신의 모습에 두 번 죽는다.

은연중에 교회 안에서 헌신녀들을 여자로 보지 않는 문화가 있다. 리더의 자리, 헌신의 자리, 책임의 자리, 온갖 어려운 자리만 내어준다. 그녀들의 섬김을 갈구한다. 그러나 사랑해야 하는 자리 등 돌봐줘야 하는 자리, 보호해야 하는 자리는 잘 내어주면서 그녀들을 사랑해주지 못할 때는 많다. 그녀들을 여자로 봐주는 것을 떠나 귀히 여기고 소중히 여기지 않는 마음, 문화, 그 무심함이 헌신녀들을 울린다. 남자들은 그녀들을 성령으로 잉태한 동정녀 마리아처럼 대한다. 그녀들은 당신들에게 중성이고, 사각지대이며, 상담가이고, 영적인 어미인 것이다. 그런데 많은 헌신녀들은 자신을 여자에서 열외시키는 현실에 아파하고 있다.

물론 그녀들의 문제도 있다. 여성성을 잃었고, 단정적이며, 직선적인 경향이 있다. 또 성령으로 충만한 그녀들은 강인해 보인다. 나 따위의 남자가 돌봐줄 구석이라고는 손톱만큼도 없는 철통여인네들이다. 그녀들은 문제가 생기면 징징거리기보다 기도하고 연대해서

서로를 돕는다. 형제들이 낄 틈도 없고 낄 필요도 없다. 하지만 단언하건대 당신 주변에 정말 강해 보이는 여인 중엔 그 누구도 혼자 눈물 흘리지 않은 여인이 없다. 사랑받고 싶지 않은 여인이 없다. 보호받고 싶지 않은 여인이 없다. 그녀들은 투박하고 무뚝뚝할 뿐 마음은 천상 여자다. 그녀들이 여자로서 아파하고 있다.

언젠가 라디오에 한 형제가 사연을 올렸다. 자신은 이번에 새신자부를 맡게 되었는데 사람들이 자꾸 "다른 속셈이 있어서 그 부서에 간 거지?" 하면서 놀린단다. 자기는 정말 순수한 마음으로 간 건데 아무도 알아주지 않아 속상하다는 사연이었다. 나는 "더럽게 하고 교회에 가라"고 이야기해주었다. 더러운 외모로 마음의 청렴함을 증명한다면 진심을 믿어줄 것이라고.

이처럼 새신녀와 헌신남과의 러브모드 잠재성과 러브모드 발생의 빈번함은 많은 교회의 청년부가 느끼고 있는 현실이다. 무턱대고 적이라고도 부를 수 없는 귀하디귀한 새신자이기에 더욱 그렇다. 한국 교회 자매들은 이런 현상으로 집단적 가슴앓이를 하고 있다. 그 신음에 귀를 기울여줘야 한다. 그녀가 혼자인 이유가 형제들 잘못은 당연히 아니다. 그러나 그녀들의 직면한 상황을 돌아봐주자. 그녀들의 마음을 헤아려주자.

매력적인 새신녀들에게 자연스럽게 마음이 가고 발걸음이 가는 것을 어찌하랴. 그러나 헌신녀들에 대한 마음의 배려도 해주시기 바란다. 새신녀와의 연애가 안 풀린다 하여, 헌신녀가 가장 외로울 시간인 밤 11시 30분에 전화해 상담요청하지 마라. 주님께 직통으로

물어라. 여친 생일선물 사는데 만성 피로 헌신녀를 질질 끌고 다니다
가 퍽퍽한 피자 한 판 사주는 것으로 은혜 갚았다 하지 마라. 정말 목
메인다. 그리고 자기 결혼식에 완전 꽂혀서 그녀들에게 축가 부탁하
지 마라. 내 주변에 누군가의 결혼식에서 축가 부르기 싫어서 고민하
고 짜증내는 올드미스들 꽤 있다. 그녀들의 가슴에 생채기를 내는 축
가를 꼭 들어야 한다면 결혼식에 대한 야망이요 욕심이다.

　헌신녀들에게는 마음의 무게가 100톤이라 움직여지지도 않다가,
새신녀들에게는 깃털처럼 날아가는 당신, 혹시 결혼을 너무 로맨틱
하게 생각하는 경향이 있는 것은 아닌가 생각해보기 바란다. 결혼은
다사다난한 문제들이 난무하는 전쟁터 같은 곳이다. 결혼은 인생이
다. 매력 있고, 착하고, 순종적인 여자만큼이나 믿음의 여인들도 훌
륭한 배우자감이다.

인생의 절반을 바꾸고 싶다면

　크리스마스 즈음이 되면 사람들은 아기 예수의 탄생을 기뻐하고
또 심판주로 오실 그분을 기억한다. 트리가 빛나고 선물과 카드가 오
고가며 캐럴이 울려 퍼진다.

　나는 지난 성탄절에 문득 마리아를 생각하게 되었다. 성탄절 내내
떠나지 않던 한 가지 생각은 마리아의 산통이었다. 소녀에 가까웠던
마리아는 의료진이 있는 병원도 아니요 따뜻한 집도 아닌 길에서 산
통을 시작했고, 마구간에서 출산했다. 아기 예수가 말구유에 눕혀진
것도 기막힌 일이나, 출산 직후의 산모가 마구간에 누워 있어야 했다

는 것도 기가 막힌 일이다. 인류의 구원자 그리스도는 마리아의 대찬 믿음과 순종, 산통을 통해 이 땅에 오셨다. 당시 혼전임신은 삶을 위협할 만큼 두려운 사실이었으나 그녀는 하나님을 믿었고 담대히 순종했다. 한 여인의 지혜로운 판단과 결정을 통해 그리스도는 이 땅에 무사히 태어났고 탯줄을 끊었다.

세상을 움직이는 것이 남자이고, 그 남자를 움직이는 것이 여자라는 말이 있듯 실제 여성들의 역할과 리더십은 어마어마한 영향력을 가지고 있다. 성경에는 결정적 순간에 여인들이 등장해 역사의 흐름을 바꾼 일이 많다. 때론 긍정적이고 때론 부정적이다. 마리아가 있었고, 에스더가 있었고, 라합이 있었고, 델릴라가 있었고, 룻이 있었다.

결혼을 통해 믿음의 여인이 당신의 인생에 들어와 누릴 수 있는 큰 유익을 값싼 것으로 취급하지 마라.

당신의 반쪽이 당신의 인생을 무궁무진하게 바꿀 수 있다. '설레게 하는 새신자 VS 성품과 믿음 좋은 여인'은 동급 배틀이 가능하며, 박빙의 승부를 겨룰 상대임을 상기시켜 주고 싶었다. 매력적이지 않기에 리스트에서 배제했던 그녀들은 묻어버리기엔 정말 아까운 여성들이다. 당신의 인생은 소중하니까. 그녀들 부디 경쟁선상에 올려주시라. 인생의 현장에서 막강파워를 보여줄 것이다.

나는 7 : 3의
3이다

여자들이 '남자가 없어요' 하는 말과
남자들이 '여자가 없어요' 하는 말은 차원이 다르다.

　　한국 교회의 '짝짓기 현장'에서 남자들은 전략적 우위에 있다. 그
리고 전략적 우위에 있다는 것은 승산이 높기에 기분 좋은 일이다.
그리고 이 사실은 형제들에게 그나마 여유라는 것을 준다. 그래서 그
런지 몇 년 전만 해도 잘 들리지 않던 말들인데 요즘 심심치 않게 들
리는 말이 있다. 바로 '형제들이 약았다'라는 말이다. 남자들이 예전
같지 않단다.

　　남자들이 약았어요.
　　계산적입니다.
　　남자들은 고르고 또 골라요.
　　남자들은 조금 더 괜찮은 여자를 기다려요.

남자들도 여자 못지않게 경제적으로 안정적인 상대를 찾아요.

문자메시지에 답을 한번 못했는데 마음을 딱 접더라구요.

남자들은 아쉬울 게 없어요.

이미 교제하는 중에도 다른 여자와 비교해요.

교회 안의 올드 미스터들, 이런 평가를 받고 있다는 것 알고 계셨는지 모르겠다.

강의하는 현장에서 듣게 되는 그녀들의 푸념이고, 책에서 다시 한번 확인하게 되는 내용이며, 남자들과의 대화에서 깨닫게 되는 현실이다. 좀 슬프다. 이런 남자들을 간장남이라고 한다. 요리조리 찔러 보며 간만 본다 하여 붙여진 이름이다. 물론 노총각 모두가 그렇다는 말은 아니다.

결혼에 필요한 영양소

요즘 결혼은 끼리끼리 수준을 맞추어 안정적으로 하는 것이 대세라고 한다.

'결혼이란 정말 무엇인가'

'왜 결혼하려고 하는가'

'진정으로 결혼생활을 원하는가'

자신의 인생 앞에 진지한 질문을 하고 답을 얻고 결혼을 결심하는 사람은 과연 몇이나 될까. 사회적 분위기가 매뉴얼화 되고 부모의 기대가 기준이 되는 영양실조 같은 결혼이 대부분이다. 결혼이란 자고로 헌신, 희생, 용납, 사랑 등과 같은 양질의 영양소들로 구성되어야 하는 역동적인 생명체이다. 그런데 요즘은 개인의 욕망, 경제적인 발돋움, 사람들의 이목, 부모의 기대라는 저질의 영양소들이 그 자리를 대신하고 있다. 이렇게 빈한 영양소로 구성된 결혼은 출발한 지 얼마 안 되어 맥을 못 추고 병들기 일쑤다. 이는 당연한 결과이며, 또 두려워해야 하는 일이다.

'남자들이 약았다'라는 말이 생겨나는 이유도 이런 가치관이 내리고 있는 가랑비에 자기도 모르게 옷자락이 축축하게 젖어버렸기 때문이다. 게다가 한국 교회의 미혼 남녀 비율이 3:7이라고 하니, 어쩌면 교회는 그들에게 한 가지 기득권을 손에 더 쥐어주고 있는 것이 아닐까. 그러니 교회 안의 간장남 등장은 한국 사회의 문제 더하기 종교적인 수적 우위 현상이 만들어낸 안타까운 현상이다.

교회 안의 간장남 현상을 어떻게 바라봐야 할까. 일단 결혼에 관한 간장남들의 세속적인 기대를 타파하는 것이 시급하다. 그들은 한 남자로서 책임과 희생의 가치를 가진 결혼을 결단하지 않는다. 그들은 자기중심적인 행복에 대한 기대가 높다. 외모와 지성, 신앙, 안정적인 처가를 겸비한 좋은 아내감을 추구한다. 하나님이 원하시는 것과는 멀기만 한 결혼에 대한 세속적인 기대를 포기하지 못한다.

'이 여자도 참 괜찮네…. 귀여워. 나한테 잘하고, 직업도 뭐 좋고… 집안도 그럭저럭. 얘기하는 것도 재밌고, 근데 키가 조금만 더 컸으면 좋겠네. 자기주장이 좀 센 것도 걸리고 약간 아쉬워. 조금만 더, 조금만 더, 나는 기회가 많아.' 세속적인 결혼관에 지배당하고 있는 간장남의 독백이다. 그들은 좀 더 나이가 어리고 좋은 조건의 여자가 올 것이라는 기대와 유혹을 떨쳐버리지 못한다. 영양실조 결혼을 할 위험이 그들 앞에 도사리고 있다.

> 오직 각 사람이 시험을 받는 것은 자기 욕심에 끌려 미혹됨이니 욕심이 잉태한즉 죄를 낳고 죄가 장성한즉 사망을 낳느니라(약 1:14-15).

언제부터인지는 알 수 없으나, 당신은 욕심을 임신한 것이다. 그러더니 덜컥 자녀를 낳았다. 이름을 죄라고 지었단다. 그러더니 그놈이 자리를 잡고 자란다. 무언가 거북해 떼내어보려 하지만 웬만한 의지로는 퇴출불가다. 중심에 뿌리를 내리고 팔다리가 서서히 자라더니 형체를 갖추고 힘이 붙는다. 장성하기를 마친 죄는 어느 날 갑자기 달려들더니 목을 졸라 숨통을 끊어놓는다. 당신은 사망한다. 영화 〈에일리언〉 정도를 상상해주시면 되겠다.

미스터 간장, 욕심을 버리세요

얼마 전 페이스북 커뮤니티에 한 친구의 동향이 올라왔다. 유머감각이 다분한 그녀의 초등학생 딸이 먹고, 먹고, 또 먹고도 자꾸 배가 고프다 했단다. "엄마, 나는 자꾸만 뭐가 먹고 싶어." 보통 엄마들 같으면 어찌 대처했을까. 우리 애가 한참 클 때인가? 입맛이 당기는 계절인가? 어떤 영양소가 부족한가? 애정결핍이라도? 이런 종류의 생각을 했을 것이다. 그러나 친구의 선택은 '회충약'이었다. '자꾸 먹을 것을 달라는 걸 보니 기생충이 있는 거 아냐? 아무래도 그런 것 같아.' 그녀는 식욕 왕성한 딸에게 간식 대신 회충약 한 알을 선사했던 것이다.

우리의 좋은 영양분을 가지고 자신의 배를 불리고 때로 사망에 이르게 하는 기생충. 욕심이란 그런 식으로 존재한다. 처음에는 나도 모르게 들어와 존재하고 자라고 다스리고 통제하다가 종국에는 나를 죽인다. 나를 죽이고 인생을 죽이면서까지 살아 있는 것이 바로 욕심이다.

간장남을 간장남 되게 하는 가장 큰 동력이 바로 이 욕심이라는 놈이다. 결혼이라는 문제를 욕심으로 대할 때 결혼은 우상이 되고 숭배의 대상이 된다. 좀 더 만족스러운 결혼을 위해 계산에 계산을 거듭하지만 좋은 열매를 맺지 못한다. 그리스도인들의 삶의 원리는 그런 것이다. '조금 더, 조금 더'를 원하지만 그 욕심이 더 좋은 것을 가져다줄 수는 없다. 지금보다 나중에 만날 사람이 더 완벽할 거란 보장도 없다. 그러다가 정말이지 쪽박과 후회만 남는다.

그리고 기다림 끝에 진짜로 완벽한 조건의 여자를 만났다 치자. 그러나 욕심에 갇혀 있는 당신에게 좋은 여자를 가늠하는 능력이 얼마나 있을까. 하나님이 보시기에 아름다운 결혼일지 의문이다.

미스터 간장, 두려워 마세요

또 하나, 두려움 때문에 간장남이 된 이들이 있다. 마음에 드는 이

성에게 한 번은 연통을 넣었으나 조금이라도 부정적인 피드백이 오면 자신감을 잃는다. 관계를 진행하다 만다. 자존심이 생명인 여자들은 좋아도 좋은 티를 못내는 경우가 꽤 있는데, 먼저 옆구리 찔러놓고는 소식이 없다. 여자들은 당신의 두려움을 '간 보는 일'로 간주할 것이다. 이로써 당신은 간장남 무리에 추가된다. 의도하지 않았다 해도 결국 간장남이 되고 만다. 욕심과 두려움 모두 사랑 앞에 내려놓아야 하는 악감정들이다.

강의를 다니다 보면 남자들의 눈빛과 여자들의 눈빛이 다른 걸 많이 느낀다. 여자들이 '남자가 없어요' 하는 말과 남자들이 '여자가 없어요' 하는 말은 차원이 다르다. 여자들의 '남자가 없어요'는 정말 '남자가 없다'이다. 남자들의 '여자가 없어요'는 '원하는 여자가 없어요'이다. '이게 다예요? 좀 더 괜찮은 여자 없어요?'라는 소리로 들린다. 7:3의 비율에 승자로 살아가는 당신, 어떤 마음가짐으로 여자를 기다리고 결혼을 원하는가.

깃털보다 가벼운 마음으로 소개팅에 나가는 당신.

그녀의 시큰둥한 표정에 '관둬. 세상에 여자가 반이야'라고 생각하는 당신.

여자가 차고 넘치는 공동체에서 새로운 여인의 등장을 갈망하는 당신.

주님이 기뻐하시는 결혼은 무엇인지 진지하게 생각해본 적 없지만, 결혼할 때 현실적 조건은 꼭 맞추고 싶은 당신.

어쩌면 자신도 모르는 사이 3이라는 기득권층의 수혜를 누리기 시
작했는지 모르겠다. 여유롭고 달콤한 사랑 탐방의 여정. 고르고 또
고를 수 있는 부유한 쇼핑이 당신에게 사랑이라 불리지는 않았으면
좋겠다. 상황이 어떠하든지 1:1의 마음가짐으로, 사람과 사랑을 찾
을 수 있는 귀한 마음을 소유하길 바란다.

또 하나, 여자들은 모두 작가거나 형사다.
약간의 단서들로 추리하고, 시나리오를 쓰고, 상상하고, 이야기를 맞춘다.

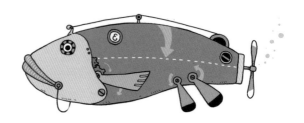

나쁜 나무꾼의
최후

〈선녀와 나무꾼〉, 〈도깨비와 개암〉, 〈금도끼 은도끼〉는 우리나라 대표적인 전래동화로 주인공은 나무꾼이다. 까마득한 시절의 동화이기에 내용이 어땠던가, 기억이 가물가물하실 테니 간단명료하게 줄거리를 읊자면 이렇다.

〈선녀와 나무꾼〉의 나무꾼에겐 둘째를 낳고 산후 우울증에 시달리던 선녀 아내가 있었다. 날개옷 한번만 보자는 그녀의 통사정에 결국 날개옷을 오픈했다. 바로 그때 배신 선녀는 애들까지 데리고 하늘로 훨훨 날아오른다.(나는 이 동화로 인해 선녀에 대한 이미지가 나빠졌다.) 〈도깨비와 개암〉엔 어머니를 봉양하는 나무꾼이 나온다. 나무를 하다 늦어진 어느 날 밤, 집을 찾지 못해 산 속 빈 집에 들어갔다. 마침 도깨비들이 잔치를 벌였다. 숨어 있던 나무꾼은 주린 배를 참지 못해 개암을 지그시 깨문다. 나무꾼 어금니에 개암 부서지는 소리가 나자 집 무너지는 소리인 줄 안 도깨비들이 줄행랑친다. 단지 개암 한번 깨물었을 뿐인데, 나무꾼은 덩그러니 남겨진 도깨비 방망이를 가져와 부자가 된다. 널리리 맘보다. 마지막 〈금도끼 은도끼〉의 주인공 나무꾼은 손놀림이 야무지지 못했던 모양이다. 나무를 향하던 도끼가 난데없이 호수에 풍덩 빠진다. 그러나 손은 야무지지 못했으나 마음만은 정직한 나무꾼이었다. 금도끼를 내밀며 "이 도끼가 네 도끼냐?"는 산신령의 유혹적인 질문에 "아니오"라고 대답하여 결국 금도끼 은도끼 세트를 하사받는다. 전래동화 속에 사는 나무꾼들은 하나같이 선하고 정직하고 용기 있고 책임감이 있다. 그들은 좋은 남자다.

공동체에 등장한 나무꾼의 정체

그런데 교회 안에는 가끔 나쁜 나무꾼들이 산다. 정상 나무꾼과 나쁜 나무꾼의 행태를 잠시 비교해보겠다. 정상적인 나무꾼은 이렇다. 숲을 돌아다니다 좋은 나무를 발견하면 그 나무를 찍는다. 좋고 튼튼한 나무가 한두 번의 도끼질로 넘어갈 리 없다. 나무꾼은 찍고, 또 찍고, 점심 먹고 찍고, 오침하고 찍고, 또 찍는다. 성실히 찍는다. 그리고 좋은 나무를 한 그루를 얻는다. 반면 나쁜 나무꾼은 어떨까. 그는 일단 어느 나무가 좋은 나무인지 사지분간을 하지 못한다. 일단 닥치는 대로 찍고 본다. 숲을 돌아다니면서 아무 나무나 찍는다. 숲에 상처를 낸다.

한 나무를 열 번 찍으면 좋은 나무꾼이요 열 그루의 나무를 한 번씩 찍고 돌아다니면 미친 나무꾼이다. 미친 나무꾼이라는 표현은 교회 안에서 아무 자매에게나 막 들이대고 치근덕거리는 볼썽사나운 형제들을 표현한 말인데, 언어 순화를 위해 이후로는 나쁜 나무꾼이라는 단어를 쓰겠다.

내가 겪은 '나쁜 나무꾼' 케이스 중엔 이런 일이 있었다. 이 일은 아주 양반에 속하는 경우다. 친구들과 함께 어느 싱글 모임에 갔다. 중간 중간 남녀의 만남과 매칭이 허용되고 권장되는 모임이었다. 그렇기 때문에 모임에서 청춘남녀가 관심 있는 대상에게 마음을 표현하는 일은 축하해줄 일이었다.

어느 날, 모임에 참석하고 있는 친구에게 한 남자에게서 문자메시지가 왔다. 우리는 얼싸안고 좋아했고, 그에게 어떻게 답해야 할지 함께 고민하고 있었다. 그런데 잠시 후 다른 친구에게도 그 남자에게서 문자메시지가 온 것이다. 거의 같은 내용으로 말이다. 그 모임에 여러 교회의 사람들이 오기 때문에 남자는 우리가 친구인 줄을 몰랐던 것이다. 관찰력도 빵점이지. 쉬는 시간에 수다 떠는 그룹만 유심히 살폈어도 좋았을 것을 말이다.

같은 날 같은 장소에서 같은 메시지를 받은 나의 친구들은 불쾌해하며 답하지 않았다. 그리고 얼마 지나지 않아 그 남자는 모임에 나온 또 다른 자매와 교제를 시작했다. 그 자매 또한 우리와 친분이 있는 사이였다. 고민 끝에 그 자매에게는 형제의 미친 문자메시지 사건을 말하지 않기로 했다. 자매가 너무 행복해했기 때문이다. 형제의 이중 문자메시지 사건도 마음이 급한 나머지 저지른 실수 및 조급함이었다고 결론지었다. 그리고 그들은 얼마 후 결혼했다. 하지만 여자들은 원래 절대순수의 사랑을 갈망하는 법, 자매를 부러워하지 않았다.

경중의 차이가 있고 등장인물과 플롯이 다를 뿐, 남자가 나쁜 나무꾼인 이야기는 비일비재하다. 어떤 남자가 A에게 은근히 대시했는데 알고 보니 B에게도 그런 식으로 접근했다. A와 B는 같은 성경공부 모임 멤버라 B가 A에게 고민 상담을 하는 과정에서 남자의 행태가 발각되는 사건이 있었다. 그런데 C에게도 몇 달 전 대시했다더라는 다른 소문들이 들리기 시작했다. 아침 드라마 뺨치는 선정적인 스토리가 난무했다.

한 공동체의 여성들에게 겹치기 출연하며 시간차 없이 공간차 없이 마구 들이대는 남자, 바로 나쁜 나무꾼이다. "사랑이 그렇게 쉽니?" 그들에게 묻고 싶은 말이다.

소문의 주인공이 되고 싶지 않다면

나쁜 나무꾼의 행실의 동기가 반드시 악한 것은 아닐 수 있다. 자기가 무슨 짓을 하고 있는 것인지 몰라서일 수도 있고, 알지만 감정 절제가 되지 않아서일 수도 있다. 깊은 관계가 두려워서일 수도 있다. 그러나 어떤 경우라 해도 그런 향방 없는 도끼질은 나쁜 것이다. 그것은 너무도 많은 여인들의 가슴을 찍는 일이다. 이런 행위는 인간과 사랑에 대한 기본적인 예의가 없는 것이다.

그리고 그들이 모르는 사실이 하나 있다. 여자들은 누가 나쁜 나무

꾼인지 다 알고 있다. 여자들은 '비밀이야. 너만 알고 있어'라는 말로 판도라의 상자를 연다. 나쁜 나무꾼이 누군가에게 행한 비겁하고 은밀한 행동은 '비밀이야'라는 말을 타고 조용하고 음산하게 퍼져나간다. 한 여자, 또 한 여자, 또 한 여자에게로 말이다. 여자들은 알고도 모르는 척 비밀 네트워크를 형성한다. 결국 소문이 모두에게 나는 것은 시간문제이다. 시간이 지나면 나쁜 나무꾼의 행태는 '비밀'이라는 단어를 타고 무수한 그녀들에게 전달된다.

그 순간 나쁜 나무꾼은 구경거리가 된다. 마치 유리 상자에 갇힌 모습이라고나 할까. 안에서야 한 면을 통해서만 밖을 볼 수 있지만 밖에서는 좌우 양옆 위아래 할 것 없이 안이 훤히 다 들여다 보이는 특수한 유리 상자 말이다.

또 하나, 여자들은 모두 작가거나 형사다. 약간의 단서들로 추리하고, 시나리오를 쓰고, 상상하고, 이야기를 맞춘다. 그녀들에게는 '촉'이라는 것이 있다. 간혹 그 감에 둔감한 자매가 있다 해도, 그녀 곁에는 '촉'이 발달한 친구들이 있다. 고로 그녀들은 나쁜 나무꾼이 생각하는 것처럼 아둔한 상태로 오래 머물지 않는다. 그녀들은 이야기를 잘 끼워 맞출 줄 안다. 전혀 다른 두 가지 이야기를 들었는데 그 두 가지 이야기에서 생각지 못했던 다른 한 가지 이야기의 궁금증이 풀리는 기현상도 나타난다. 그리고 웬만한 여자들은 자신의 깨달음을 반드시 나눈다. 고로 나쁜 나무꾼 행위의 전말은 다 드러나게 된다는 것이다. 다시 말하지만 그것은 시간문제다.

그저 자매들은 자존심 때문에, 또는 배려 차원에서 입을 다물어주는 경우가 비일비재하다. 이런 사실에 나쁜 나무꾼들은 수치스러워 하고 두려워해야 한다.

너무 쉬운 도끼질은 사랑이 아니었음을

그렇게 될 경우 당신은 원하는 터전에서 좋은 결혼, 축복받는 결혼을 하기 어렵다. 그것은 슬픈 일이다.

이 글을 읽으시는 분들 중 나쁜 나무꾼님이 계시다면 말씀드리고 싶다. 너무 쉬운 도끼질은 이웃을 내 몸과 같이 사랑하지 못하는 행동이기 때문에 나쁘다. 공동체에 불신을 심기 때문에 나쁘다. 그리고 당신으로 하여금 진실한 사랑을 하지 못하도록 막기 때문에 나쁘다. 아무에게나 쉽고 가볍고, 밥 먹듯 접근하는 행동은 결국 자신을 위해 멈추어야 한다. 그래서 나는 어떻게 하면 당신을 선도할 수 있을까 고민하다가 편지 한 장을 써보았다.

Dear 나쁜 나무꾼

누구보다 사랑에 고파 정처 없이 숲을 돌아다니는 당신
그대의 뒷모습이 참 외로워 보이는군요.
일단은 그 무서운 도끼를 잠시 내려놓읍시다.
그리고 우리 함께 생각해보아요.
'내가 왜 이리 충동적인 도끼질을 하고 있는 것일까?
이것으로 나는 진정한 사랑을 얻은 적이 있던가?

이 도끼질이 종국에 나에게 사랑을 가져다줄 것인가.'

당신을 살릴 사랑을 갈망한다면

일단 숲에서 나와 나무들이 없는 곳으로 가세요.

그녀들이 없는 세계에서 6개월간 머물기를 권유합니다.

그리고 힘겹겠지만 당신의 마음을 들여다보는 거예요.

도끼질의 근본적인 이유가 무엇인지 찾아보세요.

사랑이 부족한 어린 시절이 있었나요?

아버지가 당신을 잘난 형과 비교했나요?

그녀가 배신하고 떠나갔나요?

그럴 만한 이유야 있겠지만 그렇다고 해도 당신은

이미 성인이 되었다는 사실을 잊어서는 안 됩니다.

여자의 마음은 플레이스테이션이 아니에요.

인생에는 열매가 맺혀갑니다.

우리의 행동과 동기가 거름이 되고 영양분이 됩니다.

언젠가 당신이 정말로 사랑하는 여인을 만났는데

그래서 정말 단 하나의 사랑을 하리라 다짐하고

새사람이 되었는데

비밀의 열쇠가 그녀에게까지 전달되어

당신이 나쁜 나무꾼이라는 사실을 알게 되고

그녀가 떠나간다면 당신의 최후는 비참해집니다.

그런 사랑의 최후를 맞이하고 싶지는 않을 겁니다.

발 없는 말이 천리를 간다고 했지만, 요즘은 페이스북, 트위터를 통해 발 없는 말이 전 세계를 돌아다닌답니다.

부디, 착한 나무꾼이 되어주세요.

그 누구보다 당신의 진정한 사랑을 위해.

From 나쁜 나무꾼의 최후를 걱정하는 1인

　사랑, 그 무엇보다 선하게 해야 하는 일 중 하나이다. 도끼질만으로 해결되는 것이 아니라는 말이다.

포르노영화는 현실이 아니다

그러나 현실에서는 그렇지 않다.
대본도 없고 연출도 없다.
그리고 우리는 글래머… 그것도 매우 어렵다.

싱글남으로서 고독한 성性 세계의 한가운데 서 있는 당신은 한 번쯤은, 아니 어쩌면 꽤 자주, 인터넷 공간에서 환상적인 그녀들을 만났을 것이다. 판타지 세계의 그녀들 말이다.

일단 몸매가 남다르고 리액션이 예사롭지 않은 그녀들이다.

내가 포르노물을 처음 접한 것은 대학교 때였다. 비디오대여점에서 아르바이트를 했는데 어느 날 한 아줌마가 까만 비닐봉지에 비디오테이프 두 개를 담아서 왔다. 남편의 유품 중 하나인데, 혹시 필요하면 쓰라면서 내버리듯 주고 갔다. 지금은 제목도 잘 기억나지 않는다. 이게 뭔가 하면서 틀었는데 아뿔싸, 말로만 듣던 포르노였다. 물론 내 나이 스무 살로, 야한 영화를 본 적은 많았으나 그런 종류는 처음이었다. 유품치고는 개성이 너무 강한 물건이었다. 나는 조금 보다가 테이프를 꺼냈다. 하지만 이내 나머지 한 개는 또 어떤 작품인가 궁금해졌다. 플레이 버튼을 눌렀다. 좀 더 색다른 상황이 펼쳐졌다. 역시 조금 보다가 꺼냈다. 흥미롭긴 했으나 불쾌감이 들어서 더 볼 수가 없었다. 찝찝했다. 그리고 고민했다. '이 테이프를 어떻게 하나.' 가게에 둘 수도 없고 주인 아저씨에게 내밀 수도 없는 노릇이었다. 집에 가져갔다가 엄마에게 오해를 받으면 또 어쩐다. '뭐야, 도대체. 아줌마는 왜 나에게 이런 정신적 외상과 함께 힘든 숙제를 주고 떠난 거야.' 나는 결국 집 근처 골목에서 테이프의 필름을 다 풀어 헤쳐서 구긴 다음 쓰레기통에 버렸다. 스무 살 김지윤의 부지불식간 포르노 시청 사건은 그렇게 마무리되었다.

포르노는 현실이 아니다

그리고 지금 그때 일을 회상하니 이런 생각이 든다. 포르노테이프 두 개를 유품으로 고이 남긴 남자와, 그 테이프를 까만 비닐봉지에 싸들고 집을 나온 여인, 그 둘의 결혼생활은 어떠했을까.

대부분의 남자들은 결혼생활에서 실제로 한 여인과의 성생활을 시작하기 이전, 판타스틱한 공간에서 연출된 그녀들과의 자극적인 성경험을 먼저 시작하는 경향이 있다.

그리고 그녀들이 경험하게 해준 환상 속에서 성에 대한 개념을 잡고, 여성의 성을 추측하면서 결혼을 한다. 그러나 결혼생활 안에서 진짜 여성과 경험하게 되는 성은 그들이 알고, 생각하고, 상상했던 것과는 너무나 거리가 있다는 것을 깨닫게 된다. 실망, 혼란, 불만족, 죄책감이 그들을 어지럽힌다. 야동을 즐겼던 이들은 결혼생활 안에서 성적인 관계의 어려움과 갈등을 겪을 가능성이 많다. 그녀들은 직업 배우이고, 아내는 평범한 일반인이기 때문이다. 그 둘은 천지차이다.

남자들이 야동에서 만나는 여성들은 일단 매우 글래머러스한 몸매의 소유자이다. 비주얼도 되신다. 게다가 오디오도 된다. 소리도 잘 지르고 오르가슴도 잘 느끼고 적극적이다. 그녀들은 언제나 준비되어 있고, 또 그 시간을 매우 좋아한다. 그녀들은 준비된 대본을 받은 여자들이다. 좀 더 자극적인 리액션과 표정과 각도에 대해 연출을 받고 분장을 하는, 돈을 받고 직업으로 그 일을 하고 있는 프로이다.

그러나 현실에서 아내들은 그렇지 않다. 대본도 없고 연출도 없다. 그리고 우리는 글래머… 그것도 매우 어렵다. 들어갈 때 들어가고, 나올 때 나오면 된다는 그 쉬운 원리가 우리에겐 그렇게 어려울 수가 없다. 태생적으로 어렵고, 후천적인 식습관으로 어렵다. 신혼기면 모르나 결혼 후 1년이 지나는 시점부터는 언제나 준비되어 있지도 않다. 피곤할 뿐이다. 아기를 낳으면 상황은 더욱 그렇다. 남편들이 가지고 있는 성적인 판타지와 걸맞지 않은 캐릭터가 바로 아내이다.

게다가 싱글일 때 성폭행이나 성추행과 같은 경험으로 성적 외상이 있거나 아버지와의 관계에서 비롯된 상처로 남자에 대한 거절감이 있는 여자들의 경우는 더 복잡하다. 그녀들은 남편과 성생활을 시작하면서 내면의 아픔을 같이 대면해야 하는 곤혹스러운 시간을 맞이한다. 여자들에게 있어서 성은 정서적인 것이고 관계적인 것이다.

단지 육체적인 쾌락만으로는 절대 만족할 수 없다. 그렇게 단순하지 않다. 복잡하고 오묘한 것, 그것이 여자들의 성이다. 남자들은 자신의 성과 여자들의 성이 매우 다르다는 것을 공부하고 인지할 필요가 있다. 달라도 아주 많이 다르다.

《여자의 성》은 여성들의 성이란 어떤 것이고, 그녀들이 스스로 알아야 할 성은 무엇인가에 대한 연구와 고민을 많이 해놓았다. 그 책에서 한 부분을 인용해보면 이렇다.

여자들이 섹스에서 정말 원하는 것은 무엇인가? 기본적인 질문 같지만 여자들의 본심을 알아야 답할 수 있다. 여성들은 자신의 욕구가 제대로 인정받고 있다고 생각하지 않는다. 남성들의 성이 문화 전반을 지배하고 있기 때문에 여성들의 성은 설 자리가 없다. 다음의 여성들이 밝힌 견해는 이 주제를 끄집어내는 발판이 될 것이다.

- 성교는 우선순위에서 가장 아래예요. 첫째가 대화, 둘째가 포옹, 셋째가 삶을 나누는 것, 그 다음이 성행위죠.
- 남편이랑 침대에 누워 꼭 껴안고 싶어요. 대부분 그거면 충분하죠.

여자들의 성은 육체중심적이지 않고 관계중심적인 측면을 가지고 있다. 이어서 이 책에 들어 있는 '여성들이 섹스에서 원하는 것 7가지'의 항목을 본다면 더욱 이런 사실을 느낄 수 있을 것이다.

1. 친밀함(여성에게 친밀감은 육체의 연결이라기보다는 마음의 연결이다.)
2. 남편과 함께하는 시간
3. 대화
4. 로맨스
5. 'NO'라고 말할 수 있는 것
6. 인정
7. 남편의 성적 만족

여자들의 성은 이런 것이다. 당신이 일상생활에서 따뜻한 대화를 통하지 않고 시작해 여자를 만족시키는 성은 없다. 결혼생활 안에서 만나는 그녀의 성은 이토록 정서적이고 총체적인 것이다. 정력으로 얻는 것이 아니라 전심으로 얻을 수 있는 것이 그녀의 성이다.

배우를 버리고 아내를 택하라

야동에 나오는 여자와 아내는 다르다. 당신의 기준은 아내가 되어야지 야동에 나오는 여자가 되어서는 안 된다. 아내가 기준점이고 아내가 정상이다.

당신의 머릿속 어딘가에 있는 그녀에 관한 환상을 정리하라. 그리고 현실적인 여성의 성을 공부하고 알아가야 한다. 당신이 결혼생활 안에서 만족스러운 성을 누리기 위해서는 그녀와 정서적인 관계를 충실히 맺을 준비를 해야 한다. 여가시간을 취미생활만으로 보내고, 아내의 말에 귀 기울여주지도 않고, 평소 아내의 음식 솜씨와 외모를 칭찬하지도 않으면서 성적인 만족만을 기대하긴 어렵다. 아내는 더욱 닫힐 것이고 당신의 성은 더욱 외로워질 것이다. 결혼했지만 당신은 만족을 찾기 위해 다시 직업배우, 그녀들을 만나기 위해 컴퓨터 전원을 켤 것이다. 그것은 현실 속 아내와 더욱 멀어지는 위험한 만남이 될 것이다. 아내와 성적인 관계를 맺을 때에도 머릿속에서는 그녀에 대한 환상이 당신을 지배할 것이다. 그것은 두려워해야 할 일이다.

> 모든 사람은 결혼을 귀히 여기고 침소를 더럽히지 않게 하라. 음
> 행하는 자들과 간음하는 자들을 하나님이 심판하시리라(히 13:4).

에로배우를 당신의 머릿속에 끌어들여 침소를 더럽히며 아내와 비교하는 사태는 벌어지지 않아야 한다. 당신 안에 있는 왜곡된 성에 대한 이미지가 사라지고 현실에서 아내와 누릴 수 있는 건강한 성적 개념을 가지게 해달라고 기도해야 한다. 성을 누릴 수 있는 자원이 되는 진실함과 자상함, 아내를 존중하는 태도를 가진 남편이 되게 해달라고 기도해야 한다.

남자인 당신에게 성은 아마도 끝없는 싸움이 될 것이다. 그러나 당신이 하나님을 경외하는 마음과 성에 대한 올바른 관점과 생각, 아내와의 진실한 관계를 소유한다면 잘 이겨나갈 수 있을 것이다. 그러니 지금 가장 먼저 해야 할 일은 에로배우 그녀를 가슴속에서 장렬히 떠

나보내는 의식을 행하는 것이다. 장렬한 이별식의 배경 음악으로는 안드레아 보첼리와 사라 브라이트만이 듀엣으로 부른 'Time to Say Goodbye'가 좋겠다.

나도
모르게
나쁜
남자

진짜 애인에게 하지 못하는 이야기들도 그녀에겐 한다.
그녀는 남자들에게 친밀함을 준다.

전혀 의도하지 않았는데 누군가에게 피해를 준 경험이 있는가? 나는 있다. 살면서 그런 순간이 많았지만, 지금 생각해도 이 일은 미안하고 또 미안한 사건이다.

8년 전 쯤 일이다. 아침 출근길이었다. 전날 야근을 해서 조금 늦게 출근하는 날이라 여유가 있었다. 나는 환승을 하면서 자판기 커피 한 잔을 뽑았다. 오랜만에 여유 있게 출근해서 그런지 기분이 참 좋았다. 커피를 마시며 환승구간에 있는 에스컬레이터 쪽으로 걸어가고 있었다. 그런데 에스컬레이터 외벽에 한 여자가 기대어 앉아 있는 게 보였다. 이십대 초반 정도의 여성이었는데, 쪼그리고 앉아 얼굴을 파묻고 있었다. 그 여자는 분명 생리통을 앓고 있다는 생각이 들었다. 평소 생리통이 심했던 나는 빠른 속도의 감정이입과 함께 그녀에게 몸을 기울였다. 도와주고 싶었다. 그런데 이게 무슨 일인가. 순간 내 손에 들려 있던 커피가 장렬하게 그녀의 점퍼 위로 뿌려졌다. 여자는 "에이씨" 하면서 힘없는 목소리로 짜증을 냈다.

상황을 다시 정리하면 이렇다. 나는 걷고 있었고, 여자 쪽으로 몸을 기울였고, 손에는 커피가 들려 있었고. 그 순간 또 믿을 수 없는 일이 일어났다. 에스컬레이터에 구두굽이 껴 빠지질 않는 것이다. 내 인생의 황당했던 TOP 3에 들어가는 순간이다. 그날 상당히 날카로운 하이힐을 신고 있었지만 그게 기계에 낄 수 있다는 것은 상상도 하지 못했다.

결국 그녀를 향한 나의 상반신을 기계에 꽂힌 구두에서 벗어나지 못한 하반신이 따라올 수 없었던 것이다. 그러면서 종이컵에 담겨 있던 액체가 서로 다른 힘의 방향을 감당하지 못하고, 반동이라는 힘의 에너지를 타고, 장렬히 흩날리며, 그녀의 점퍼 위로 흩어진 것이었다. 나는 구두를 잡고 에스컬레이터를 내려가 그녀에게 달려갔다. 일단 휴지로 그녀에게 쏟아진 커피를 닦으며 "죄송합니다. 정말 죄송합니다"를 연발했다. 불행 중 다행인 것은 그녀가 입고 있는 옷은 검정색 방수 점퍼였다. 그녀는 짜증을 내면서 "그냥 가라"고 했다. 나는 죄인이 되어 그녀 곁을 떠났다. 그날 하루 내내 기분이 좋지 않았다. '세탁비라도 주었어야 했는데, 당황해서 그냥 왔구나. 바보같이… 약이라고 주고 오는 건데. 아, 커피는 왜 마셔가지고… 구두굽은 또 뭐야. 기계가 그렇게 위험해도 되는 거야?' 후회해봤자 소용없는 일. 그녀는 얼마나 어이없고 황당했을까.

그럼 그때 왜 이렇게 내게 잘해줬니?

이렇게 의도하지 않았지만 결국 상대에게는 피해를 주는 사건, 참 미안한 일이다. 그리고 이런 종류의 일이 남녀관계에서 벌어질 때 상황은 더 복잡해지고 어려워진다.

자신에게 너무 잘해주는 남자 때문에 착각한 여자들의 이야기를 자주 듣는다.(물론, 반대의 경우도 많다.) 관계의 무게는 다 다르지만 그녀들은 그들로 인해 정서적 어려움을 겪고 있다. 그들은 너무 친절하고 잘해주고 특별하게 대해주고 인정해준다. 이성적인 확실한 고백은 없었지만 여자들은 마음이 흔들린다.

남자들은 꼭 여자들의 육체적인 매력에만 끌리진 않는다. 남자가 여자에게 정서적 매력을 느끼고 편안함을 느낄 때, 그녀와 가까이 지내고 그녀를 잘 대해주게 된다. 때로는 진짜 애인에게 하지 못하는 이야기들도 그녀에겐 할 수 있다. 남자들은 그런 그녀에게 편안함과 친밀함을 느낀다.

당신에게도 애인은 아니고, 앞으로 애인을 할 것은 아니고, 이상형도 절대 아닌데 같이 있으면 그저 좋고 편안하고 친밀하고 즐거운 여인이 있을지 모르겠다. 하지만 당신의 마음은 거기까지. 그녀를 여자로 사랑할 계획이 없는 경우라면, 계속해서 그녀를 그렇게 대해서는 안 된다. 그녀는 당신을 사랑하게 될지도 모르기 때문이다. 당신이 그녀와 친하게 지내고 잘해주는 이유는 다양할 것이다. 그녀가 너무도 진실하고 좋기 때문이기도 하고, 신앙 상담을 잘해주기 때문이기도 하고, 무슨 이야기든지 잘 통하는 친구이기 때문이기도 할 것이다. 당신은 그녀와 있으면 편안하고 즐거운 에너지를 얻게 된다. 하지만 당신이 그녀를 그렇게 대하며 특별한 관계를 유지할 때, 오해로 인해 그녀가 받게 될 상처에 대해서 고려해주어야 한다. 남자들이 무심히 잘해주는 것이 여자들에게는 문제가 될 수 있다.

난 그런 의도가 아니었어

남자들의 의도가 다 나쁜 것은 아니다. 간혹 진짜 나쁜 마음을 가지고 접근하는 남자들이 있지만, 대부분의 남자들은 자신이 하는 행동이나 말이 어떤 결과를 초래할지 미처 예상하지 못한다. 그저 진심으로 친절하게 그녀들을 대하고 있을 뿐이고 감정에 충실할 뿐이다. 계산한 것도 아니고 나쁜 의도는 더더욱 없다. 진심으로 그녀가 좋은 사람이라고 생각하고 그녀가 인간적으로 편하기 때문이다. 또 그녀가 그저 안됐고 애처롭고 그리스도인으로서 외면할 수 없고 돕고 싶었을 뿐이리라.

그런데 남자들이 꼭 한 가지 알아주어야 할 것이 있다. 우리시대의 여자들 중 꽤 많은 이들이 애정의 결핍 증상을 가지고 있다는 것이다. 많은 여자들이 아버지의 왜곡된 사랑을 접하며 성장했다. 그래서 그녀들은 상상 이상으로 친절함과 부드러움에 약하다. 남자의 무심한 행동이 그녀를 흔들 수 있다는 것을 유념해야 한다.

남자들은 자신에게서 흘러나가고 있는 에너지의 존재를 파악하고 있어야 한다. 무심하고 유심한 행동들을 통해 여자의 마음을 혼란스럽게 할 수 있다는 것을 알고 스스로 경계해야 한다.

무심코 차문을 열어준다거나, 의자를 빼준다거나, 약간의 터치를 한다거나, 울고 있는 그녀의 어깨를 다독인다거나 하는 행동은 조심해야 한다. 재미있는 이야기를 해준다거나, 그녀와 단 둘이 영화를 본다거나, 전화통화를 한다거나, 문자를 주고받거나, 그녀의 음식솜씨나 외모를 개인적인 취향의 관점을 가지고 칭찬하는 행동은 당신의 의도와 상관없는 결과를 가져올 수 있다. 남녀의 관계란 조심할수록, 서로를 거리감 있게 대할수록 나쁠 것이 없다.

조심한다고 해될 것은 없다

유부남 성준은 교회에서 리더를 하고 있다. 그런데 어느 날 저녁 예배 후 뒷정리를 하던 중에 같은 교회의 한 유부녀 자매가 갑자기 고민을 털어놓기 시작했다. 뭐 그런 경우야 있지 않던가. 작정하고 자리를 편 것은 아니었는데 뜻하지 않은 시간, 뜻하지 않은 장소에서 이야기가 시작되었다. 둘이 작정하고 만난 것도 아니었다. 단지 어느 날 우연히 몇 마디의 대화가 시작된 것뿐이었다.

주제는 그녀의 가정불화였다. 그녀는 이야기하다가 서글픈 마음에 울기 시작했다. 안타까운 마음이 든 성준은 위로의 차원에서 그녀의 어깨를 다독여주었다. 그리고 그 순간을 제3자가 목격하게 되었고, 살이 붙어 소문이 번지기 시작했다. 이야기는 한 사람 한 사람을 거칠수록 과장되었고, 어느 순간 통통하게 살이 올라 비난받아 마땅한 불륜 이야기가 되어 있었다. 사실 여부와 상관없이 그 사건은 교회를 흔들었다. 100여 명 정도 되는 성도들은 대부분 그 소문을 접했다. 소문은 서로간의 신뢰를 무너뜨렸고, 여자를 옹호하는 파와 남자를 옹호하는 파가 갈리며 공동체가 나뉘기 시작했다. 한 남녀의 아주 사소했던 한순간이 공동체를 뒤흔들었다.

남녀의 관계란 이처럼 무서운 것이다. 남녀의 관계란 상상 그 이상으로 민감한 것이고, 영향력 있으며, 사단은 언제나 그것을 사용할 준비가 되어 있다. 남녀관계는 매우 민감한 센서와도 같다. 아주 예민하다. 문제는 그런 예민한 관계를 다루는 당사자들이 예민하지 못하다는 데 있다. 여자는 그런 이야기를, 정확히 말해 그녀의 정서를 어느 늦은 저녁 어떤 남자에게 쏟아놔서는 안 되는 것이었다. 남자는 아무리 여자가 안타까웠더라도 그녀에게 가까이 다가가거나 몸에 손을 대는 일을 해서는 안 되는 것이었다.

교회 안에서 사소한 남녀 문제를 너무 무심하게 대하는 경우가 왕왕 있다. 물론 서로 마음을 두고 있는 청춘남녀가 그런 일을 벌인다면 예외이지만 책임질 수 없는 관계에서 무심하게 하는 행동들은 스스로 경계해야 한다.

유부남은 말할 것도 없고 싱글남들도 이런 행동을 아무 생각 없이 해서는 곤란하다. 본인들은 괜찮을지 몰라도 그 행동을 당하는 그녀들은 괜찮지 않을 수 있기 때문이다. 그리고 그것은 결국 본인들에게 안 괜찮은 일로 돌아온다. 그리스도의 공동체에서 남녀의 관계를 깨끗하게 하는 일은 매우 중요한 일이다. 육체적인 것은 물론이고 정서적인 관계들을 책임감 없이 무분별하게 맺지 않는 것, 그리스도를 위해 가치 있는 일이다. 육체적인 문란함과 함께 정서적인 문란함 또한 이 시대의 그리스도인들이 경계해야 할 유혹의 대상이다.

스티브 아터번의 《남자의 전쟁》은 이런 정서에 관한 경험적인 통찰을 주는 이야기를 하고 있다. 유부남들을 대상으로 한 이야기이지만 싱글인 당신에게도 매우 유익한 관점이고 유부남이 된 후에는 더더욱 고려해야 하는 내용이라 옮겨본다.

바보는 선수의 반대다. 선수는 사람을 대할 때 사교적 신호를 원활히 보내고 받는다. 바보는 아니다. 선수가 매혹의 신호를 보내려 할 때는 대개 정해진 길이 있다. 그는 꼬리를 친다. 집적거린다. 눈웃음을 친다. 근사한 얘기를 한다. 한마디로 그는 멋있게 군다. 당신도 한때 선수였다. 당신은 환심을 사는 법을 알았다. 그것을 배우며 사춘기 시절을 보냈다. 그러나 유부남의 경우 약간의 사교적 자살은 극히 요긴하다. 항상 바보가 돼라. 선수는 여자와 시시덕거린다. 당신은 그러지 마라. 선수는 집적거린다. 당신은 그러지 마라. 여자가 눈웃음을 쳐도 같이 웃지 말고 뭘 모르겠다는 표정을 지어라. 여자가 멋있는 얘기를 하거든 멋없는 얘기로 받아들여라. 당신의 처자식 얘기를 하면 된다. 여자는 당신을, 불쾌하지 않으면서 어딘지 싱겁고 재미없는 사람으로 볼 것이다. 그러면 대 성공이다.

어쩌면 이것은,

'어쩜 그렇게 재미있으세요?' 'OOO 오빠는 정말 매너가 좋지 않니?' 'OOO는 진짜 간지 나'와 같은 그녀들의 인정과 칭찬을 먹길 원하는 당신의 정서를 굶겨야 하는 강한 도전일지도 모르겠다.

그러나 누구보다 마음씨 착하고 측은지심 충만하고 사랑이 많은 당신. 혹시 너무도 사랑이 많은 탓에, 오지랖이 넓은 탓에 당신도 모르게 나쁜 남자가 되고 있는지 모른다. 관계에는 책임이 따른다. 당신이 그녀를 한 남자로 책임질 것 아니라면, 그녀를 그리스도 안에서 사랑하는 방법은 거리를 두고 공적으로 정중하게, 조금은 냉정하게 대하는 것이다.

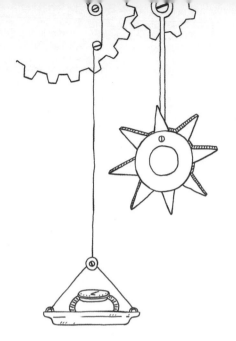

그리스도인다운 사랑을 기대하고 꿈꾸라

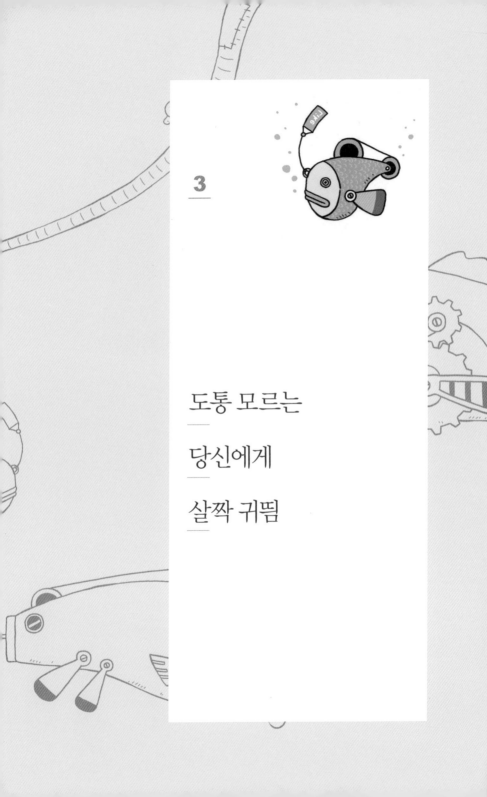

3

도통 모르는

당신에게

살짝 귀띔

그녀에게 자신 있는
한걸음

남자들은 자신에 대해 무엇을 이야기할지,
그녀에겐 어떤 이야기를 이끌어내야 할지 준비해야 한다.

　소개팅 자리에 오직 신실한 마음 하나만을 가지고 입성한 당신, 그러나 당신의 진실함이 무안해질 만큼 소개팅 자리에서 절망했던 순간이 제법 있었으리라. 당신은 최선을 다했고, 진심으로 대화했으며, 간절한 마음으로 기도를 올렸으나, 그녀의 반응은 시큰둥하다. 결국 주선자의 입을 통해 '좋은 형제이지만, 인연은 아닌 것 같다'는 거절의 메시지를 들었던 쓸쓸하고 당혹스러웠던 경험이 한두 번쯤 있을 것이다.

　남자들은 미주알고주알 시시콜콜 소개팅 내용을 지인들에게 보고해 팁을 얻어내는 경우가 많지 않다. 그래서 사실 소개팅에서 걷어차인 형제만큼이나 나 역시도 답답한 심정이 없지 않다. 결국 소개팅의 비보는 영원한 난제로 남고, 다시 그들은 아주 훌륭한 여자를 만나기 전까지 이전과 비슷한 경험을 하는 오류에 빠진다. 그리고 '나는 왜 안 되는 것일까?'라는 답을 찾지 못하는 질문은 서서히 그들의 자신감을 갉아먹기 시작한다.

그리고 대부분 좋은 남자들에게 소개팅은 더욱 어려운 숙제가 된다. 자, 어디서부터 문제를 풀어나가야 답을 찾을 수 있을까? 물론 각자의 사정과 성향이 모두 다르기 때문에 천편일률적으로 적용할 수는 없지만 관찰해본 바, 그들에게는 다음과 같은 부분에서 약간의 수정 보완이 필요하다.

이 남자, 믿어도 되나

결혼을 생각할 나이의 여자가 소개팅에 나갔을 때 '그 남자, 신뢰할 만한 사람인가'에 초점을 맞추는 건 매우 당연한 일이다. 그녀들은 믿을 만한 남자를 찾기 위해 소개팅에 나온다. '이 남자를 신뢰할 수 있는가?' '내 인생을 맡겨도 될 사람인가?'에 대한 본능적인 탐색이 시작된다. 그렇기 때문에 결혼적령기의 남자들이 소개팅을 할 때에는 자상하고, 가정적이며, 진중하고, 성실한 분위기를 만들어내는 것이 좋다. 그렇기 때문에 소개팅 자리에서 '대화'는 굉장히 중요한 부분을 차지한다.

대부분 남자들은 소개팅 장소에서 그녀를 처음 본 그 순간 애프터를 결정한다고 한다. 그러나 여자들은 첫인상이 마음에 들지 않더라도 대화를 해보기 전까지는 마음을 닫거나 결정하지 않는다. '아… 주님, 저이의 외모는 정말 별로군요. 머리숱이 생각했던 것보다도 없네요. 하지만 주님이 인도해주시는 사람이라면 대화를 통해 마음을 열어주세요.' 그녀들은 이렇게 기도한다. 그리고 자리에 앉는다. 그리고 그녀들의 마음을 열 수 있는 따뜻하고, 배려 있고, 위트 있고, 진실한 대화가 오가기를 기대하고 고대한다. 그러나 대화를 재치 있게 이끌기에 턱없이 부족한 준비 상태로 나간 당신, 함께 뻘쭘해하며 앉아 있다. 썰렁하다.

소개팅을 앞둔 남자에게 '대화'를 이끌어갈 준비는 너무나 중요하다. 긴장한 나머지 이말 저말 두서없이 해대는 남자는 불안해 보인다. 소개팅녀가 믿음의 여인이라는 정보가 있던 나머지 자신의 영적 방황을 여과 없이 드러내는 남자는 인생 자체가 불안해 보인다. 어색함과 침묵을 견디지 못해 계속해서 자기 말만 하는 남자는 자기중심적으로 보인다.

말끝에 '우리 엄마가 그러는데요'라는 수식어라도 두어 번 붙는 날엔 가망은 없어진다. 정치적인 사안에 그리스도인들이 관심을 가지는 것은 매우 중요한 일이지만 소개팅 첫 만남에서부터 정치 이야기를 하는 남자는 시니컬해 보인다. 또 간혹 헌신남들이 줄창 자기의 교회 얘기만을 해대는 경우, 정작 소개팅 자리에 나간 그녀는 소외된다. 마주 앉아 있으나 벌써 외롭기 시작한다. 또 침묵으로 긴장의 끝을 보여주는 남자들이 있다. 머릿속엔 이야깃거리들이 가득한데 입밖으로 나오는 단어들이라고는 "저…" "음…" 밖에 없는 남자들 때문에 여자는 속이 터진다.

아무래도 소개팅의 첫 만남에서는 남자가 만남을 이끌어가는 것이 자연스럽다. 그렇기 때문에 남자는 대화를 준비해가야 한다. 남자가 6, 여자가 4정도의 비율로 이야기하는 것이 좋은데 이를 위해서 남자들은 자신에 대해 무엇을 이야기할지, 그녀에겐 어떤 이야기를 이끌어내야 할지 미리 생각해야 하는 것이다. 자신이 주어야 할 정보에 대해 준비하는 것은 만남에 대한 매우 예의 있는 행동이다. 주선자를 통해 그녀의 관심사 한두 개, 요즘 그녀가 즐겨보는 드라마에 관한 정보 한두 개 정도 얻어서 대화에 대한 그림을 머릿속에 넣어서 가는 일은 매우 인격적인 행동이다.

이렇게 대화를 준비해간 소개팅, 그녀가 마음에 들었을 경우에는 대박이고, 마음에 들지 않았다 하더라도 최소한 서로 곤혹스러운 몇 시간은 보내지 않아도 된다. 이런 준비는 만남의 질을 높이고 당신이 준비된 남자로 보이게 한다. 그리고 하나님 편에서도 이렇게 상대를 배려하는 태도를 '짝짝짝' 박수쳐주실 것이라 생각한다.

조금 미뤄놓아도 되는 불편한 진실

또 하나, 꼭 하고 싶은 이야기가 있다.

이것은 착한 남자들이 하는 실수이기도 하다. 정직한 형제들이 너무나 진실한 나머지 소개팅 첫 만남에서 마구 쏟아내는 경우이다. 자신의 부정적인 조건에 대해서도 서슴없이 거침없이 이야기 한다. 그런 말을 첫 만남에서 들은 그녀는 그를 쉽게 선택할 수 없다. 예를 들어 다음과 같은 내용들이다.

- 저는 누나가 아홉 명입니다. 조카가 한 스무 명 정도 되는 것 같아요.
- 큰형 사업이 얼마 전에 망했거든요. 부모님이 집 담보로 대출 받아주셔서 이제 겨우 2억쯤 갚았나요.
- 우리 아버지는 무능해서 집에 생활비를 주신 적이 없어요. 엄마가 정말 불쌍해요. 제가 반드시 모시고 살 겁니다.
- 저는 극한의 무슬림 지역인 중동에 선교사로 가서 살다가 순교하는 것이 꿈입니다.
- 지금 다니고 있는 회사를 그만둬야 할지도 몰라요. 이 바닥이 워낙 불안정해서요.

물론 우리는 결혼 전, 가정사와 현재의 경제상황 등 자신에 대한 것을 정직하게 말해야 한다. 결혼식 당일 날 "오빠, 왜 이렇게 한복 입은 여자가 많아?" "어, 다 우리 누나들이야. 지금에야 말하는데, 나한테 누나가 아홉 명 있어. 허허허." 이런 일은 곤란하다. 그러나 적어도 소개팅의 첫 만남에서는 당신의 부정적인 조건에 대해서 구구절절 이야기하지 않아도 괜찮다.

첫 만남에서 이런 불편한 진실에 대해 말하는 것은 "자매님, 제 인생에는 이렇게 큰 십자가와 가시들이 가득해요. 어떠세요, 저와 함께 이 가시들에 찔려 피도 좀 흘리고, 어깨엔 십자가를 메고, 골고다 언덕 한 번 로맨틱하게 올라가보실래요?"라고 하는 것과 같다. 결혼생활의 현실에 대해 쥐뿔도 모르는 남자들이 "영숙아, 오빠가 물 한 방울 안 묻히고 행복하게 해줄게"라며 허세를 떠는 것도 좋아보이는 행동은 아니지만, 너무도 진실한 나머지 첫 만남에서부터 무거운 가정사나 부정적인 조건을 나열하는 것도 안타깝다.

이런 이야기는 네 번쯤 만나고, 영숙이의 마음이 나에게 넘어오고, 영숙이의 눈망울에 내가 풍덩 빠져 있을 때, 꺼내는 것이다.

"영숙아 오빠가 누나가 좀 많댔지? 몇 명이게?"
"네 명?"
"아니야. 조금 더 써."
"여섯 명?"
"조금 더 높은 3의 배수야."
"아홉 명?"

영숙이가 놀라 자빠질 것이다. 그러면 "우리 영숙이, 보기보다 부정적이네. 열두 명이 아닌 게 어디야" 하면서 "영숙아, 아마도 오빠는 아홉 명의 누나들로부터 영숙이를 지켜주는 사명을 가지고 이 땅에 태어난 것 같아"라는 말도 안 되는 멘트를 느끼하게 날려주면서 영숙이의 마음을 잡아야 한다. 진심으로 아홉 명의 누나로부터 영숙이를 반드시 지켜주어야 함은 물론이다.

오늘은 그저 첫 만남이야
정직한 형제들이 자신의 인생에 대해 조금 더 유연한 융통성을 가졌으면 좋겠다. 여자들이 시간 낭비하지 않도록, 되도록이면 자신의 실체를 빨리 까발려주고 싶은 진실한 마음, 안다. 속이고 싶지 않은 정직함도 너무 훌륭하다. 이 모습 이대로 받아줄 수 있는 좋은 여자를 만나고 싶은 마음도 이해한다. 그러나 첫 만남에서는 꼭 그 이야기를 꺼내지 않아도 된다.

대부분 이런 형제들은 크고 작은 상처들이 있다. 경제적인 어려움도 상처가 되고, 난폭한 아버지가 상처로 남았으며, 번듯한 직장을 가지지 못한 것도 아픔이 되었다. 하지만 그런 상황이 당신의 첫 번째 정체성은 아니다. 상처 받고 열등감이 많아진 그들에게는 어느새 이런 조건 자체가 자신의 정체성이 되어버렸다. 하지만 당신의 첫 번째 정체성은 하나님의 사랑을 받는 자고, 존귀한 자이며, 하나님 안에서 소망이 있는 자이고, 하나님의 계획이 그 인생에 있는 자이다. 자신의 인생을 조금 더 융통성 있게 바라봐주면 좋겠다. 좀 더 자신 있게 그녀에게 성큼 다가서라.

한 번만 만나보면
다 안다고?

"뭐하고 싶으세요?"를 열 번 이상 물어봤다면
그녀의 마음이 쾅 하고 닫혔다는 것에 확신한다.

소개팅, 어떻게 하면 하나님 보시기에도 좋고 청춘남녀들에게도 즐거운 만남이 될 수 있을까. 좀 더 이야기를 해보자.

개인적으로 그리스도인 청춘남녀의 만남에 있어서 안타까운 현상이 하나 있는데 그것은 '내 스타일 아니면 두 번 다시 안 보기'이다. 이런 경우를 매우 자주 본다. 그런데 과연 그리스도인들의 만남이 이래도 되는 것일까 하는 의문은 든다.

우리는 세상과 무엇이 다른가? 우리는 무엇으로 구별되는가? 그리스도인이라는 우리의 신분에 근거하여 남녀 만남에 관한 질문을 하고 싶다. 이런 현상을 기본적으로 인간에 대한 예의, 사람을 사랑하라고 부르신 하나님에 대한 삶의 화답이라 할 수 있는가, 묻고 싶다. 때로 '한번 보고 안 보기' 파들은 말한다. 두 번 봐서 달라질 것이 없다고. 단지 합리적인 선택을 하는 것이라고. 그들의 말은 정말로 100퍼센트 진심일까.

가난한 마음을 가져라

사람을 만나고 대하는 태도에 가난한 마음과 겸손한 마음이 결여된 것은 아닐까 염려된다. 너무도 쉽게 상대의 인생을 홀대하는 것은 아닌지 한번만 더 생각해주면 좋겠다. 적어도 그리스도인들의 소개팅은 필, 그놈의 개가 물어갈 '필'이 없다고 해서 두 번 다시 안 보는 일은 없어야 하는 것 아닌가? 적어도 세 번 정도는 만나봐야 그 사람을 알 수 있고 판단할 수 있는 것이라 생각한다. 한 번 보고 필이 오지 않아 다시는 상대를 안 볼 생각이라면 적어도 그 사람은 사랑하는 사람을 만나는 수단으로 소개팅을 이용해서는 안 된다.

유사한 현상으로 남자들 중에 교회 안의 남녀비율이 7:3이라는 이유로, 잡을 고기 많다는 태도로 소개팅 장소에 나오는 이들이 있다. 여자 나이 서른이 넘으면 그녀들은 절벽 끝에 선 심정으로 소개팅 자리에 나온다. 그런데 당신이 너무 부요한 마음으로 나올 때, 그 만남이 가지는 불균형은 고스란히 그녀의 가슴에 상처로 남는다. 그리스도인 형제가 그리스도인 자매에 대해 가져야 할 최소한의 예의도 갖추지 않는 것이다. 부디, 이 여자가 지구상에서 허락된 마지막 여자일 수도 있다는 가난하고 겸손한 마음으로 나가기를 권유하고 싶다. 그런 귀한 마음을 가지고 나가주면 정말 고맙겠다.

애매한 것을 정리해주지 않아도

그리고 애프터에 관한 잔소리를 몇 마디 더하고 싶다. 내가 자매들에게 가장 많이 듣는 한탄은 소개팅 후 1–2주가 지나서 문자메시지로 애프터를 요청하는 경우다. 그 불쾌감이란 이루 말할 수가 없다. 형제들이여, 애프터는 2–3일 이내에, 다음 만남은 일주일에서 열흘 이내에 전체 만남은 3개월 정도에 결론을 내는 것이다.

물론 이것이 법은 아니다. 어겼다고 경찰 출동하지 않는다. 쇠고랑 안 찬다. 그러나 적어도 자매들의 에너지를 고갈시키지 않는 최소한의 안전망이 있는 시간이다. 때로 소개팅 후 열 번 이상의 만남을 가지면서 물에 물탄 듯 술에 술탄 듯 서로를 고문하는 남녀를 볼 때도 있다. 3개월이 되면 만남에 대해 결론을 내는 것이 서로의 인생을 위하는 일이다. 선택과 결정을 3개월 이상으로 미루면, 서로에게 좋지 않다.

그냥 네가 하는 대로 따라갈게

소개팅에 관한 또 하나의 이야기가 있다. 소개팅 장소에서 흔히 벌어지는 장면 중에 하나다.

조금 소심해 보이는 남자가 길을 걸으며 "뭐 드실래요?" "어디 가실래요?"를 하염없이 묻는다. 안 그래도 첫 만남에 긴장되고 어색한 그녀에게 자꾸만 무언가를 결정하라고 다그친다. "어디에 가서 무엇을 드실래요?"를 두세 번 묻는 것은 남자들에게는 그녀를 배려한 'Would you~'의 의미일 수 있으나 듣는 그녀들의 마음은 답답하고 갑갑하다. 그냥 대충 정해줬으면 좋겠다. 솔직히 남자를 만났다는 것이 중요하지, 비빔밥을 먹든지 스파게티를 먹든지 무슨 상관이란 말인가. 급기야 어떤 남자들은 그 자리에서 스마트폰을 꺼내 맛집 찾기를 시도한다. 졸지에 그녀는 맛집 기행의 동반자 신세가 된다. 그러나 긴장하면 잘 보이던 지도도 안 보이는 법, 맛집은 생각만큼 빨리 눈앞에 등장하지 않고 길 따라 맛 따라 걷고 또 걷는다.

"이 근처가 분명한데 잠시만요." 지도와 주변을 번갈아 보는 당신, 절대 지적이지 않다. 없어 보일 뿐이다. 그리고 또 하나, 당신이 장소를 정하지 못하고 맛 따라 길 따라를 하고 있는 순간 그녀는 당신이 한 번도 경험해보지 못한 곤혹스러운 상황에 처해 있을 확률이 높다. 높은 구두 속에 갇힌 그녀의 발이 고통을 호소하고 있는 것이다. 예쁜 구두 앞코에 눌려 엄지발가락이 비명을 지르기 시작하는 순간, 당신의 소개팅에는 망운의 기운이 감돌기 시작한다.

내 친구 중 하나는 선을 보고 오면 항상 발마사지를 받았다. 남자를 만나는 날, 여자가 겪는 발의 고통은 이루 말할 수 없다. 대부분의 여자들에게 높은 굽 신고 오래 걷기 내지 빨리 걷기는 결코 쉬운 일이 아니다. 그런데 남자들은 이 부분을 잘 생각하지 못한다.

소개팅 첫 만남, 그녀의 구두굽이 3센티미터 이상이 되어 보인다면 빨리 걷거나 많이 걷는 일은 삼가는 것이 배려이다. 여자들은 그런 사소한 것에서 존중의 느낌을 받는다. 반대로 말해 여자를 배려하지 않고 자기 속도대로 빨리 걷고 많이 걷는 남자는 비호감이란 뜻이다. 장소와 메뉴에 대한 스피드 있고 준비된 결정, 느리고 적게 걷기는 매우 중요하기도 기본적인 에티켓이다.

물론 그녀는 "죄송해요"라는 당신의 말에 "괜찮아요"라고 천사같이 답하였을 것이다. 그러나 반복되는 "~하실래요?" "~드실래요?"는 정말 김빠지게 하는 대사다. 왜 그런지 모르겠는데 여자들은 이런 말을 반복해서 들을 때마다 마음이 5센티미터씩 땅으로 꺼지는 느낌을 받는다. 만나고, 밥을 먹고, 차를 마시고, 어디를 가고, 무언가를 결정하고, 헤어지기까지 그녀에게 "뭐하고 싶으세요?"를 열 번 이상 물어봤다면 그녀의 마음이 쾅 하고 닫혔다는 것에 확신한다.

그냥 첫 만남에서는 "스파게티 괜찮으세요?"라고 물으면 된다. 여자들 중에 스파게티 안 먹는 여자는 거의 없다. 그냥 편하게 큰 테두리를 제안하면 된다. 그리고 그 안에서 구체적인 메뉴 선택권을 주면 되는 것이다. 차를 마실 때도 마찬가지다. "이 근처에 맛있는 커피전문점이 있는데, 괜찮으세요?" 편하게 물으면 된다. 당신의 제안에 "저는 절대 커피 안 마셔요. 전통차만 마시거든요?" 하고 대답하는 여자가 있다면, 그 여자가 까다로운 거지 당신이 잘못한 건 없다.

눈치껏 코털 정리

마지막으로 남자들에게 패션에 대한 팁을 드리고 싶다. 여자들은 멋있는 남자를 좋아한다. 이것은 멋 부리는 남자를 좋아하는 것과 다르다. 소개팅에 너무나 멋쟁이로 나온 당신, 깔맞춤의 제왕, 명품의 달인은 좋은 여자에게 선택받을 수 있는 범위를 벗어난다. 반대로 기본적인 자기 관리가 되지 않아 자신의 진정성에도 불구하고 선택받지 못하는 남자들이 있다. 너무도 좋은 남자들인 그들에게 그녀들을 대신하여 전한다. 코털은 꼭 정리하고 소개팅에 나가야 한다. 《그 남자랑 결혼해》라는 책에 이런 이야기가 나온다. 한 여자가 남자친구의 코털 때문에 스트레스를 받았다. 그녀는 남자친구에게 코털 깎으라는 이야기를 차마 하지 못해서 헤어지자고 이야기했다.

　이것은 여자들의 연약함이다.(부디 용서를 바란다.) 그러나 일단 장가는 가고 봐야 하지 않을까. 그러니 사랑을 잃게 할 수도 있는 위험 요소, 코털을 지금보다 더욱 각별히 신경 써줘야 할 것이다. 또 여자들이 힘들어 하는 패션은 청바지에 정장구두를 신는 것이다. 골프웨어 티셔츠에 양복바지, 절대 안 된다. 30대 중반의 오빠들이 종종 추구하는 패션이다. 안 된다. 정장구두는 양복에만 신는 것이다. 바지 벨트를 티셔츠 위로 내어놓는 것도 안 된다. 이것은 공식과 같다. 양복이 아닌데, 옷을 입고 거울을 봤을 때 허리벨트가 보인다면 당신은 옷을 잘못 입은 것이다. 벨트는 나 혼자만 보는 것이다. 추운 겨울 코르덴 바지도 안 된다. 물론 당신의 어머니는 따뜻한 코르덴 바지를 입히고 싶어 하겠지만 여자들은 코르덴 바지를 정말 싫어한다. 엉덩이와 무릎이 처음의 원단 상태를 유지하지 못하는 코르덴, 최악의 겨울패션이다. 엄마가 괜찮다고 해도 안 된다. 엄마는 당신에게 솜바지도 끊어다 입힐 수 있는 분이다. 머릿기름도 안 된다. 손목에 거는 끈 달린 지갑도 안 된다. 굵은 금목걸이 팔찌 안 된다. 과한 액세서리는 금물이다. 위아래 양복이면 양복, 캐주얼이면 캐주얼이다.

　너무 어렵다면 카디건에 청바지를 권한다. 그것도 너무 어렵다면 친하고 센스 있는 자매 두 명에게 도움을 구하라. 일대일 말고, 셋이 만나서 도움을 받기 바란다.

길고 길었던 소개팅의 이야기가 끝났다. 여자를 만나는 것에 용기 잃은 남자는 자신감 회복이 필요할 것이고 여자 만나기를 너무 쉽게 생각하는 남자들에게는 겸손하고 가난한 마음이 필요할 것이다. 있던 여자도 도망가게 만드는 패션 테러리스트라면 약간의 수정만 거치면 된다. 서른 중반이 되어서도 짝을 찾지 못하고, 계속되는 소개팅의 실패에 속상해하는 형제들이 꽤 많이 있다. 혹시, 걸림돌이 나 자신은 아니었을까? 그토록 어려운 소개팅이란 놈의 답은 당신이다.

자타공인 '훈남'인 당신에게

그분은 당신이 부요하고 익숙한 자리에서 내려와
당신을 내어주는 사랑의 길을 걷기 원하신다.

있는 그대로의 모습을 인정하는 '자기 객관화'는 생각보다 꽤 어려운 작업이다. 세상에 일어나는 많은 일과 관계를 오해하며 살아가는 만큼, 자신에 관한 오해도 만만치 않다. 나도 나에 대해 많은 오해를 하고 살았는데, 다음 이야기가 내 기억 선상에 있는 가장 첫 번째 오해 사건이다.

나는 고등부 때 성가대를 했었다. 키가 작은 나는 언제나 당연히 맨 앞줄에 섰다. 성가 연습실에는 악보를 꽂아두는 캐비닛이 있었다. 유리 미닫이문으로 만들어져 있었다. 예배드리러 가기 전 마지막 연습은 항상 서서 했는데, 그 캐비닛 유리문에 성가대원들의 실루엣이 비쳤다. 어느 날은 성가대 인원 60명 정도가 모두 그 유리문에 비치는 것이다. 한 명 한명 얼굴이 자세히 보이지는 않았지만 정말 유독 키가 작은 아이 하나가 나와 같은 앞줄에 있는 것이다. '새로 들어온 사람인가?' 속으로 생각했다. '야, 나도 작지만, 너는 정말로 작구나. 그래서 어떻게 세상 살아갈래?'

그런데 잠시 후 이게 웬일인가. 그 아이는 내가 움직이는 대로 움직이는 것이다. 내가 오른쪽으로 고개를 갸우뚱하면 그 아이도 갸우뚱, 내가 한 발을 왼쪽으로 내딛으면 그 아이도 한 발짝 내딛는 것이었다. 그 아이는 바로 나였다. 나는 키가 작지만 그토록 작다고는 생각하지 못했던 것이다. 자기 객관화는 이토록 어려운 일이다.

또 하나, 내가 일했던 선교단체에서는 3년의 간사 사역 임기를 마치면 중간평가를 받는다. 중간평가는 6명 이상의 선후배 동료들이 하는 것이기 때문에 비교적 객관적인 지표가 된다. 그런데 평가받은 항목 중 개선해야 할 점으로 '은근히 고집이 세다'라는 내용이 있었다. 나는 이 항목을 받아들일 수가 없었다. 나는 스스로 고집이 세다고 생각해본 적이 없었다. 고민에 휩싸인 나는 당시 연애 중이던 지금의 남편에게 이 사항에 대해 진지하게 물었다. "내가 정말 은근히 고집이 세?" 이야기를 심각하게 듣던 그의 대답은 이랬다. "평가가 좀 잘못된 것 같아."

그렇지! 그럼 그렇지! 나는 속으로 쾌재를 불렀다. 역시 평가가 잘못된 거였어. 그러나 곧 이어진 남편의 말이 내 허를 찔렀다. "너는 고집에 은근히 세지 않아. 대놓고 세지."

자기 객관화는 이토록 어려운 것이다.

훈남이 사랑하는 방법

외모가 멋진 남자, 성품도 좋은 남자, 직업마저 좋은 남자, 집안의 믿음까지 좋은 남자, 당신의 이름은 '자타공인 훈남'이다. 모자람의 흔적이라고는 찾아볼 수 없을 만큼 완벽한 당신, 당신의 자기 객관화 지수는 얼마일까? 집안에서도 부족함 없는 사랑을 받고, 아낌없는 지원 속에 성장한 당신. 학교면 학교, 교회면 교회, 가는 곳마다 칭찬과 찬사에 휩싸인 당신. 소외와 수치, 가난한 마음 뭐 이런 것들과는 태생부터 거리가 있었던 당신. 누구에게라도 탐나는 당신에게 한 가지 질문을 하고 싶다. "당신이 다른 사람을 사랑할 때, 마음의 태도가 어떠한지 객관적으로 알고 있나요?"

당신이 타인을 사랑하는 태도 면에서의 자기 객관화 지수는 얼마일까? 한 예로, 결혼관계 사역을 하는 분들의 수다에서 다음과 같은 이야기를 귀동냥으로 들은 적이 있다. 약간의 각색을 거쳐 재구성해 보았다.

결혼상대로 '사'자 들어가는 남자 좋아할 것 하나도 없지 뭐야. 그 남자들이 '사'자 들어가기까지 어떤 인생을 살았는지 생각해 봐야 해. 공부에 두각을 나타냈을 때부터 엄마의 기대와 사랑을 독차지했지. 끼니때마다 해대는 엄마표 뜨끈한 밥상에다 환절기엔 보약 해먹이지. 아마 물 한컵 조차도 엄마가 떠다 주는 것 먹으며 공부했을 걸? 그런 남자랑 결혼했다고 생각해봐. 와이프 섬길 줄이나 알겠어? 받는 데 너무 익숙해져 있어서 자기가 안 주는

줄도 모르는 경우가 있어. '사'자를 지닌 배우자는 그렇게 좋은
것만 아닐 거야.

이 글을 읽으시는 '사'자 분들 계시다면 일단 통으로 이야기하게
된 점 양해를 구하고, 모든 '사'자가 다 그런 것은 아니라는 점, 한 예
로 '사'자 그룹을 든 것이라는 점을 밝혀둔다. 하지만 이분들의 수다
는 상당한 통찰을 가지고 있다는 사실을 부인할 수 없다.

서원 기도 끝에 태어나 어릴 적부터 '앞으로 훌륭하게 되실 귀한
목사님' 대접을 받으며 자란 남자, 누나 아홉에 막내아들로 태어나
예수님 대접받으며 자란 외아들, 삼대독자 장손, 명문대 법학과 출신
남…. 다양한 이유로 또 어쩌면 '아들'이라는 이유만으로 많은 남자
들은 대접받으며 성장한다. 이런 부류는 사랑받는 것에 중독되어 사
랑을 주는 것에는 어쩌면 인색할 수 있다.

2년 전쯤 KBS 〈인간극장〉 '다둥이네'편을 봤는데 그때 그 집에 일
어났던 일이다. 열 명이 넘는 아이들 중 꽤 서열이 아래인 남자아이
가 사라졌다. 귀가 시간이 지났는데 집에 오지 않고 있었다. 그 집은
외출할 때 꼭 보고해야 할 의무가 있었다. 아이들이 너무 많아 누가
있고 없는지 쉽게 판단할 수 없기 때문이다. 그런데 보고도 하지 않
고 아이가 사라졌다. 집안이 술렁이기 시작할 때 아이가 돌아왔다.
손에 비닐봉지 하나를 들고 말이다. 아이의 사연은 이랬다. 언젠가
편의점에서 파는 삼각김밥을 먹은 적이 있었는데 그날따라 삼각김밥
생각이 너무 나더란다. 용돈이 생기자 이때다 싶었던 아이는 뒤도 돌

아보지 않고 그 먼 편의점까지 삼각김밥을 사러갔던 것이다. 성공적으로 삼각김밥을 구입한 아이는 일단 한 개를 먹은 뒤 나머지 한 개는 밑의 동생 둘을 위해 남겨왔다. 아이는 보고하지 않고 나가 혼쭐이 났지만 그 덕에 동생들은 아이가 남겨온 삼각김밥을 좋아라 나눠먹고 있었다. 아이는 혼쭐이 나면서도 동생들이 삼각김밥을 먹으며 그 맛의 경이로움에 감탄하는 표정을 보며 행복해하고 있었다. 이 아이의 사랑, 이 아이의 나눔이 얼마나 아름답고 값지게 느껴졌는지 모른다.

무엇을 주어야 하지?

나도 모르게 받는 것에 익숙하고 항상 나의 몫이 있는 것이 당연했던 사람들은 자신이 생각하는 것보다 훨씬 더 '나눔'에 취약할 수 있다. 많으니까 좀 주어도 아깝지 않을 텐데 생각하겠지만, 그들은 아까워서 주지 못하는 것이 아니다. 무엇을 주어야 하는지 자체에 대한 개념이 없을 때가 있다. 그래서 어찌하다 보면 몸에 배인 습관으로 한 행동이 상대에게는 사랑 없는 이기적인 행동이 될 수 있다. 의도한 것은 아니지만 사랑을 주는 것에 무지한 내 존재 자체가 누군가에게는 상처가 된다.

자타공인 훈남인 당신, 시간을 주고 체력을 주고, 마음을 주며 사랑하는 것에 생각보다 인색할 수 있다는 사실을 인지하면 좋겠다. 아마 당신이 누군가를 사랑하고 가정을 꾸린다면 이 일은 더욱 구체적으로 당신의 삶에서 신경을 써야 하는 일이 될 것이다.

추운 겨울날, 저녁을 먹고 음식물쓰레기를 버리기 위해 아내 대신 나갈 수 있는 수고로움은 귀찮음을 나누는 사랑의 행동이다. 명절에 다시 총각으로 돌아간 양 호사를 누리며 즐거워하기보다, 명절증후군에 시달릴 아내의 마음을 헤아려보는 일은 이기심을 경계하는 사랑의 행동이다. '스트레스 많은 회사에서 돈 벌어다 주는데, 고작 토요일 아침 조기축구회도 못가게 하나?'라고 유세를 떨기보다, 아내의 눈망울에서 외로움이 묻어날 때 조기축구회를 포기하고, 함께 집안일하며 아들과 목욕 다녀오는 것은 욕심을 버리는 사랑의 행동이다. 삶에는 주어야 하고 줄 수 있는 것이 꽤 많이 있다. 계속해서 사랑을 받았기 때문에 받는 것이 당연하고, 나는 받을 만하며, 이대로 좋고, 편안하고 싶고, 불편함을 감수하고 싶지 않은 유혹을 경계하길 바란다.

너희 안에 이 마음을 품으라. 곧 그리스도 예수의 마음이니 그는 근본 하나님의 본체시나 하나님과 동등됨을 취할 것으로 여기지 아니하시고, 오히려 자기를 비워 종의 형체를 가지사 사람들과 같이 되셨고, 사람의 모양으로 나타나사 자기를 낮추시고 죽기까지 복종하셨으니 곧 십자가에 죽으심이라(빌 2:5-8).

사랑의 길, 함께 걷자

높고 높은 남자 중에 예수님보다 그 근본이 높은 남자가 또 있으랴. 그러나 그는 사랑을 위해 그 자리를 버리고 내려오셨고 죽으셨다. 당신이 사랑을 위해 걸어야 할 길은 바로 예수님의 길이고, 하나님이 부르시는 자리는 바로 예수님의 그 자리이다.

그분은 당신이 부요한 마음, 사랑받는 것이 익숙한 자리에서 내려와 당신을 내어주는 사랑의 길을 걷기 원하신다. 사랑을 위해 당신의 왕좌에서 내려와야 한다.

돌아볼 때 '아, 나는 정말 많은 것을 받으며 살았구나. 난 정말 대접받으면서 많은 것을 혼자 누리면서 살았구나'라는 생각이 든다면 지금껏 받은 사랑을 나누는 삶에 집중하면 좋겠다. '내가 정말 많은 것을 누리면서 받으면서 살았나?' 물어보라. 잘 모르겠다면 당신의 여자형제에게 한 번 물어보기를 적극 권한다. "누나, 나 때문에 부모님께 섭섭한 것 있었어? 솔직히 말해봐." 어쩌면 복받친 누나가 "이제 철들었냐"며 "너야말로 이 집의 신성한 왕"이었다 말할지도 모른다. 30년 정도 사랑받기에만 집중했다면, 나머지 시간은 나누어주는 데 집중하는 것, 그리 아깝지 않을 것이다.

지금까지 당신은 멋진 외모와 안정된 직업과 풍요로움, 게다가 착한 성품으로 훈남 취급을 당했을지 모른다 하지만 사랑을 하는 태도에 있어 '자기 객관화 하기' 과정을 마치고 이제로부터 영원까지 사랑받기보다 나누어주기로 결심한 남자야말로 진짜 훈남이다.

외모만을 취한 당신,
절망한다

예쁜 여자 좋아하는 것은 말리진 않겠다.
하지만 예쁘기만 한 그녀는 피해갈 수 있기를 바란다.

　인생에 돌이킬 수 없는 것들 중엔 아쉬운 영역에 들어가는 것과 치명적인 영역에 들어가는 것이 있다. '고등학교 때 좀 더 공부를 열심히 했어야 해.' '자격증이나 영어 공부를 더 열심히 했어야 했는데 말이야.' '그녀를 그런 식으로 보내는 건 아니었어.' 하는 것들은 아쉽고 안타까운 영역에 들어가는 일이다. 그러나 결혼이 몇 달 밖에 남지 않은 시점에 "나, 사실 증권하다 결혼자금을 모두 날렸어"와 결혼 3년째인데 "나 배우자를 잘못 선택했어. 이 결혼은 아닌 것 같아" 같은 종류의 것은 치명적인 영역에 들어가는 일이다. 개인사마다 이런 구분은 다르겠으나, 분명 돌이킬 수 없는 것들 중 치명적인 영역에 잘못 선택한 결혼이 들어가는 것을 이상하게 생각하는 분은 그리 많지 않을 것 같다. 이혼하면 되지 않냐고 아직 싱글이신 분들은 쉽게 생각하실지 모르나 같이 살던 남녀가 다시 남이 되는 것 그 과정, 그 결과, 그 이후의 삶은 결혼생활을 감당하고 사는 것만큼이나 어려운 일이다.

결혼의 절대적 구성요소인 배우자를 선택하는 문제는 정말 어렵다. 그런데 때로 남자들은 그녀에게 너무 쉽게 꽂힌다. 달린다. 결혼한다. 그리고 절망한다.

SBS에서 방송하는 〈짝〉이라는 프로그램이 있다. 그것을 보면 항상 드는 생각 두 가지가 있다. 하나는 '와, 저기 신청해서 나온 남녀들은 정말 대단하다'이다. 만천하에 얼굴이 공개되고 악플러들의 표적이 될 위험을 감수하고 사랑을 찾아 애정촌에 들어가는 그들의 열심이라니. 비겁한 악플러들에 비하면 박수받아 마땅한, 인생에 대한 용기를 가진 지리고 생각한다. 두 번째 드는 생각은 '남자들은 한 여자에게 집중적으로 꽂힌다'는 것이다. 나의 짧은 분석으로는 주로 두 종류의 스타일을 가진 여자에게 꽂히는데 '아주 예쁜 여자'와 '뼛속까지 보호본능을 불러일으키는 여자'이다. 그리고 이어지는 구애, 또 구애…. 프로그램을 보면서 생각한다. 그런데 저 남자들은 자신의 필요를 알고 있는 것일까.

당신의 내적 필요는 무엇인가

남자가 예쁜 여자, 귀여운 여자, 섹시한 여자, 단아한 여자, 세련된 여자 등 제각각 원하는 이상형에게 꽂히는 현상에 대해 뭐라 하고 싶은 마음은 없다. 그러나 꽂힐 때 꽂히더라도 자신의 내적 필요는 알고 꽂히라는 말씀이다. 남자들이 이성에게 끌리는 타입은 쉽게 바뀌지 않는다고 한다. 귀여운 것을 선호하는 남자는 예뻐도 귀여운 구석이 있고, 세련된 것도 귀엽게 세련되고, 매력적인 반응이 오는 범주 안에서 매력을 느낀다. 그리고 본능적인 반응을 거스르거나 이겨내는 일은 너무도 어려운 일이다. 그런데 적어도 자신이 누군가를 만나서 사랑을 할 때 어떤 사랑이 필요한 사람인지는 알고나 꽂혀야 한다는 것이다.

좋은 결혼을 위한 배우자를 선택하기 위해서는 일단 자신의 내적 필요를 알아야 한다. 그러고 나서 이상형을 찾아도 찾아 나서야 하는 것이다. 그러면 내적인 필요는 어떻게 찾느냐 하는 것이 중요한 문제인데 그 이야기를 해보자.

내적 필요는 크게 두 가지로 나뉘는데, 하나는 내가 결혼해서 '받고' 싶은 사랑이 무엇인가 하는 것이고 하나는 결혼해서 내가 상대에게 '주기 어려운' 사랑이 무엇인가 하는 것이다. 결혼해서 받고 싶은 사랑이 내적 필요가 되는 이유는 받고 싶은 사랑을 못 받으면 애정결핍에 걸리니까 당연히 채워져야 하기 때문이다. 당신이 주기 어려운 사랑까지도 내적 필요가 되는 이유는 당신이 사랑을 주지 못하는 어떤 영역이, 안타깝게도 당신의 배우자가 너무도 원하는 바로 그 사랑이었다면, 도리어 배우자가 애정결핍이 되어 화살은 다시 당신에게로 돌아온다. 그렇게 된다면 결혼생활의 질이 현저히 떨어져 당신을 괴롭게 할 것이기 때문에 이 또한 결국 당신의 내적 필요가 된다.

좀 더 쉽게 정리하자면 근거리에 있는 일대일 인간관계에 있어서 당신의 단점과 약점을 확실히 알고, 그에 맞게 배우자를 맞이하라는 말이다. 객관적으로 가정파탄을 일으킬 만한 인격적 손상이 없는 한, 솔직히 누구와 결혼을 해도 적응하기 마련이고 사랑하기 마련이다. 그러나 최소한 자신의 내적 필요는 알고 배우자를 선택했을 때, 조금이라도 더 만족스러운 결혼생활을 할 수 있을 것이다.

그녀가 아무리 예뻐도 당신의 단점을 잘 감당할 수 있는지를 생각해야 한다. 내가 아는 자매 중에도 예쁜 사람이 있다. 객관적으로 예쁜 그녀에게는 약점이 있는데 심약하다는 점이다. 누군가 소리를 지르거나 자신에게 화가 나 있는 상황을 직면하면 너무 두려워하고 움츠러든다. 만일 당신이 분노가 많고, 화를 잘 내며, 욱하는 성격이라면 아무리 예쁜 그녀라도 당신 짝으로는 부적합하다. 물론 노력하고 싶은 의지가 다분할 것이다. 그녀의 미모 수위가 올라갈수록 당신의 단점을 고치고자 하는 의지는 분명 불타오를 것이다. 하지만 사람이 그리 쉽게 변하던가. 강산이 변하는 데는 10년이 걸린다고 했나. 사람이 변하는 시간은 완전히 미지수이다. 언제 소리 지를지 모르는 당신의 눈치를 보면서 사는 그녀는 심장병에 걸릴 수도 있다. 그녀가 무슨 죄인가. 당신을 사랑한 죄라고 하기엔 너무 슬픈 결말이다.

그녀는 온유한 남자가 주는 안정감을 필요로 한다. 어쩌면 당신이 줄 수 없는 사랑이다. 그녀를 온유한 남자에게 보내줘라. 너무 슬퍼하지 마라. 영원히 이별 없는 곳, 천국에서 그녀와 재회할 수 있다. 당신은 이 땅에서만큼은 화에 눌리지 않는, 도리어 당신에게 파워펀치를 날리는 여자를 찾아야 한다. 그래야 당신도 사람 되고 한 여자의 인생도 망가지지 않는다. 당신이 화를 낼 때, 차분하게 화의 근원을 취조한 뒤 개선을 요구하는 여자, 당신의 화에 부끄러움을 입힐 줄 아는 여자가 짝으로 적격이라는 말이다.

너 자신을 먼저 알라

〈최고의 사랑〉이라는 드라마를 즐겨 보았다. 최고의 남자배우인 독고진은 자신의 위치와 명예에 걸맞지 않은 생계형 연예인 구애정을 사랑하게 된다. 그 감정을 인정할 수 없는 독고진은 구애정 곁을 맴돌면서 자신의 감정이 수치스럽다는 말을 서슴지 않고 내뱉는다. 좋아하는 남자에게 수치스럽다는 말은 듣는 여자 구애정은 굴하지 않는다. 밀리지 않고 수치스러운 사랑 따위 접으라며 팽팽한 긴장감을 생산한다. 여자가 남자에게 수치스럽다는 말을 듣는 것은 그야말로 연약한 여자를 한 방에 저세상으로 보낼 수 있는 치명적인 말이다. 그러나 구애정에게 독고진의 독설은 씨도 안 먹힌다. 독설가 독고진의 짝으로 딱이다.

혹시 당신의 단점을 모르는가. 가족을 통해 알아낼 수 있으니 걱정할 것 없다. 오늘 가족 중 당신과 가장 사이가 좋지 않은 형제나 자매가 있을 것이다. 오늘은 그에게 일단 라면을 끓여주면서 만 원 한 장을 놓고 단점을 물어보시라. 세 가지 단점만 말해달라고 하라. 한 개에 만 원씩. 삼만 원 투자하여 단점 세 개를 획득하시라. 뭐 다양할 것이다. 잘난척쟁이부터 시작하여, 자기만 아네, 부려먹네, 게으르네… 인정하고 싶지 않은 단점 세 가지가 결혼생활에서 기필코 드러

날 당신의 성격이다. 지킬 박사와 하이드가 아닌 이상, 절대 감추지 못할 것이다.

　또 하나, 당신의 정서적 약점은 무엇인가. 부정적이고, 외로움을 잘 타며, 뻑 하면 자신감이 없어지는 경향이 있다면 조금 더 긍정적이고 활기찬 여자를 만나는 것이 좋다. 우울한 정서를 공유하는 여자는 일시적으로, 말하지 않아도 내 정서를 이해해주는 초코파이 같은 사랑이 될 수 있다. 연애할 때는 좋을지 모르나, 결혼해서 계속 같이 우울해지면 전기세 밀리고 수도세 밀린다. 우울한 사람은 인터넷뱅킹 등의 소소한 일을 처리할 에너지가 없다. 그리고 그 집 애들은 무슨 죄인가. 아빠도 우울, 엄마도 우울하다면 자녀들은 소꿉놀이할 때도 우울해진다.

　결혼생활은 서로 크고 작은 단점, 연약함으로 인해 발생하는 문제들을 해결하며 사는 과정이다. 사소하게는 물건을 제자리에 놓느냐 아무 데나 두느냐의 문제에서부터 나 모르게 빚보증을 선 문제까지 감당하고 살아가야 하는 것이 결혼이다. 그런데 당신의 단점과 연약함을 감당할 줄 모르는, 그저 예쁘고 섹시하기만 한 여자랑 산다는 것? 서로에게 못할 짓이다. 예쁘면 뭣하고 섹시하면 뭣하나. 예쁜 그녀의 눈이 당신을 쏘아볼 것이고, 섹시한 그녀는 매일 화낼 것이며, 당신의 결혼생활은 지옥체험전이 될 터인데 말이다. 외모만을 취한 당신이 결혼생활에서 만나게 될 감정은 절망이다. 당신의 내적 필요를 모르는 그녀와의 결혼은 외로움을 안겨줄 것이다.

　당신은 행복할 권리가 있다. 예쁜 여자 좋아하는 것은 말리지 않겠다. 하지만 예쁘기만 한 그녀는 피해갈 수 있기를 바란다.

결혼생활은 매일매일 허니문이 아니다. 결혼은 좋고 가치 있는 것이지만 동시에 길고 어려운 생활 그 자체이다. 그에 걸맞는 짝을 고르시기를 바란다.

내 주변에 있는 유부남과 싱글남이 이런 대화를 하더라.

싱글남 형은 어떻게 지금 형수님과 결혼을 결심하게 됐어요? 이상형이었어요?

유부남 이상형을 떠나 우리 와이프는 전쟁이 나면 무섭다고 도망가는 게 아니라 내 옆에서 수류탄 던지며 같이 싸울 여자더라구. 그래서 결혼 생각을 하게 됐지. 인생은 전쟁터 같잖아?

비유가 너무 전투적이었나? 결혼은 쇼윈도 안에 있는 완벽한 모습으로 세팅되어 있는 예쁜 여자를 보는 것이 아니라 한 치 앞을 알 수 없는 인생의 불확실성과 모호함을 헤쳐나가는 일상이다. 부디 당신에게 동지가 될 수 있는 그녀를 만나시길 바란다.

맞장구가
그녀의
마음을
얻는다

시시때때로 자매와 대화하기가 너무도 어려웠던
남성분들을 위해 마법의 단어 네 가지를 소개한다.

"열 길 물속은 알아노 한 길 사람 속은 모른다"는 속담이 있다. 서로의 속마음을 얼마나 알기 어려웠으면 이런 속담이 다 생겼을까. 그중에서도 가장 이해하기 어렵고 난해한 것이 있으니, 바로 여자의 마음이다. 이토록 겹겹이 싸여 안 보이는 여자의 마음을 얻기란 얼마나 어렵고 고단한 일인가. 그러나 그녀의 마음을 얻는 방법이 하나 있으니, 바로 그녀와 대화를 잘하는 것이다. 공감과 소통이 있는 대화는 그녀의 마음이 원활하게 오는 탄탄대로가 된다. 하지만 사무실에서 업무상 하는 대화, 회의용 대화, 킬킬 웃을 수 있는 1차원적인 농담이 아닌, 여자의 진심을 공유하는 대화를 한다는 것은 남자들에게 너무도 어려운 일이다. 많은 남자들이 여자가 원하는 대화가 무엇인지 몰라서 당황한다. 오빠는 내 맘도 모른다며 갑자기 토라진 여친 때문에 곤혹스럽다. 그러나 여자들이 원하는 대화 알고 보면 너무 쉽다.

자, 여자와의 대화가 어려웠던 분들에게 한 가지 우스꽝스러운 이야기를 들려드릴까 한다. 여자와 대화를 하다가 갈피를 못 잡을 때 이 예화를 다시 한 번 상기해주시면 도움이 될 것이라 믿어 의심치 않는다.

내가 초등학교 2학년 때의 일이다. 학기 초 시험을 봤는데, 시험을 본 다음 날 집안 분위기가 심상치 않았다. 담임선생님의 호출로 학교에 다녀온 엄마는 매우 침울해보였다. 그리고 작은 삼촌과 속닥속닥 무언가를 심각하게 의논했다. 무언가 나로 인한 문제가 발생했다는 본능적 감지는 있었으나 알 길이 없었다. 나를 보는 식구들의 눈빛에 걱정이 가득했다. 내 뒷통수로 수많은 눈초리들이 꽂혔다. 저녁을 먹고 나자 엄마가 나를 불러 앉혔다. 나는 약간 긴장했으나 엄마는 더 긴장되어 보였다.

엄마가 입을 열었다. "지윤아, 시험지에 왜 이렇게 답을 적은 거야?" 하며 내가 본 시험지를 내밀었다.

'뭐가 잘못되었다는 거지? 나는 시험을 잘 봤는데.'

그러나 시험지 답에는 문제가 좀 있었다. 당시 시험지는 사지선다형 객관식 문제로 답안작성란에는 1, 2, 3, 4 중 하나를 적어야 했다. 그런데 나의 시험지에는 아주 정성스럽게 그린 세모, 동그라미, 엑스가 표시되어 있었다. 숫자는 찾아볼 수가 없었다.(아, 우리 오마니 얼마나 절망적이셨을까.)

그러나 당시 나의 대답은 이랬다.

"아~ 그거? 보기 네 개 중에서 답이 있는 건 동그라미, 답이 없는 건 곱표, 그리고 잘 모르는 것은 세모 친 거야."

당혹스러운 낯빛의 엄마는 다시 한 번 침착하게 말했다. "지윤아, 다음부터는 이 빈 칸에다 1, 2, 3, 4 번호 중에 답처럼 보이는 번호를 채워넣어야 해. 답 앞에 있는 이 숫자를 적는 거야. 1학년 때도 그렇게 시험 봤는데 기억 안 나?"

"알았어. 그렇게 하지 뭐."

아… 그해 방학이 유독 길었던 것일까? 1학년 때 시험 본 방법을 까맣게 잊은 나는 매우 창의적인 방법으로 시험을 봤지만, 다행히도 그 이후로는 내게 마지막 시험이었던 대입수능까지 다시는 객관식에 동그라미, 세모, 곱표를 그리지 않았다.

그때 내가 왜 그랬을까? 지금도 생각하면 웃음이 나지만 그 사건에 대한 해석은 이렇다. 나는 방학 내내 공부라는 것을 하지 않았다. 일일 문제지도 풀지 않았다. 엄마는 무조건 자유를 주었고, 원하는 만큼의 놀이를 허용했다. 기나긴 방학 동안 인형놀이 소꿉놀이 그리고 동화책 읽기를 하면서 지냈다. 집에 있던 동화전집은 한 권당 최소한 두 번씩은 내 손을 거쳐갔다. 그리하여 글자는 동화로 간주, 시험지 위의 글자는 내러티브로 다가왔던 것이다. 그리하여 답도 "응, 맞아. 답이 있어." "어! 답이 없네?" "음, 이건 잘 모르겠구나"라는 식으로 생각한 것이다. 시험지는 이야기였고 과정이었다. 비록 답은 못썼지만 내가 그때만큼 시험지와 소통을 한 적은 다시 없었다.

해답보다 공감

여자들이 남자와 대화를 하는 방법이 바로 이런 것이다. 그녀들은 답을 원하지 않는다. 답을 위해 대화하는 것이 아니다. 말을 주고받는 과정, 상대의 눈빛과 대화의 분위기가 답이다. 내가 객관식에 답을 쓰지 않고 시험지를 읽는 과정, 답보다 시험지 나온 내용의 가치를 두었던 것처럼 여자들은 대화의 답보다 대화 자체를 즐긴다. 뭐 이런 것이다.

> **여자** 오빠, 나 오늘 오다가 서울역에서 미선이 만났다?
> **남자** (… 만났는데 어쩌라고?) 그래서 뭐, 차 마셨어?
> **여자** 아니.
> **남자** 그럼 뭐, 담에 만나기로 했어?
> **여자** 아니.
> **남자** 그럼 뭐야? (아니 뭐야, 이 이야길 도대체 왜 하는 거야?)
> **여자** 뭐긴 뭐야. 그냥 만났다는 거지.
> **남자** (뭐야 이게 끝이야?)…
> **여자** 오빠, 근데 이거 되게 예쁘지?

당황스럽고, 무언가 빠진 것 같고, 상당히 부족하며, 모자란 대화 같을 것이다. 안 하느니만 못한 대화 같겠지만, 여자는 이것으로 충분한 대화를 이끌어갈 수 있다. 얼마나 신기한가? 그렇게 사람이 많은 서울역에서 우연히도 미선이를 만났는데!

여자들은 그저 자신의 존재가 받아들여지기 위해(함께 공감하기 위해) 이야기 나누기를 원한다. 그러므로 여자들이 가장 싫어하는 남자들의 대화 언어는 이런 것들이다. 일종의 금기어라 할 수 있겠다.

그래서 결론은?
그래서? 빨리 말해.
그게 다야?
그건 ~때문이잖아.

답을 주고, 결론을 내고, 대화를 뚝 잘라먹고, 말할 기분을 싹 사라지게 하는, 대화를 쫓아버리는 말들이다. 말하고 싶은 여자의 마음에 찬물을 확 끼얹는 말들이다. 남자들은 답을 주길 원하고 결론을 내주길 원한다. 그것이 능력이라고 생각한다. 그리고 자신도 모르게 익숙해진 남자들 세계에서의 대화 패턴을 그대로 적용한다. '용건은 간단하고 정확하게', '결론부터 이야기하기'가 그런 것들이다. 그러나 여자들에게 있어 그것은 무심함, 무뚝뚝함, 잘난척, 답답함, 고지식함으로 느껴진다. 여자들은 당신에게 답을 얻길 원하지 않는다. 그녀들은 재미있게 시험지를 읽고 싶어 한다. 명쾌한 답을 제시하는 것으로 괜찮은 남자라는 것을 증명하려는 시도는 멈추어라. 그저 함께 시험지를 골똘히 들여다 봐주고, 그저 같이 낄낄거리면 되는 것이다.

맞장구, 무조건 무조건이야

사랑하는 그녀에게, 혹은 공을 들이고 있는 그녀에게 문자메시지가 왔다. 그러나 눈만 껌뻑껌뻑. 무어라 답을 해야 하는지 알 수 없는 내용에 진땀 흘린 경험들 있을 것이다. 설레는 데이트, 말을 시작한 그녀는 엄청난 양의 단어를 쏟아내는데, 왜 그 말을 하는지 알 수가 없고, 내가 뭔가 적당한 답을 해야 할 것 같은 불안감을 내내 떨치지 못한 경험이 모두에게 있을 것이다. 시시때때로 자매와 대화하기가 너무도 어려웠던 남성분들을 돕고자 마법의 단어 네 가지를 소개한다.

여자가 무슨 대답을 원하는지 도무지 알지 못할 때, 당황해서 아무말이나 막 해버리는 실수를 하지 말고 다음의 네 가지 단어 중 적당한 것을 골라잡으면 된다.

1. 정말?
2. 웬일이야!
3. 진짜?
4. 헐!

너무 쉬워서 당황했나? 이게 다다. 이 네 가지 단어 중 대충 잡아골라 쓰면 그녀는 알아서 다음 이야기를 봇물 터지듯이 쏟아낼 것이다. 여자는 그저 이야기를 원하고 맞장구를 원하기 때문이다. 이렇게하는 것이다.

여자 오빠, 오는 길에 서울역에서 미선이 만났다?

남자 정말? 웬일이야!

여자 그니까 웬일이야. 신기하지?

남자 진짜, 웬일이래! 신기하다.

자, 오늘밤, 엄마에게 여자 역할을 해달라고 하면서 도란도란 연습하시길 바란다. 그리고 방법이 또 하나가 더 있다. 그녀의 말을 따라하는 것이다.

여자 오빠, 오는 길에 서울역에서 미선이 만났다?

남자 미선이 만났어?

여자 진짜 신기하지?

남자 진짜 신기하다.

여자 그니까, 웬일이야.

남자 그러게! 웬일이야.

아, 퍼펙트한 공감 대화이다.

맞장구대화는 그녀의 마음을 얻는 길이다. 여자와 둘만 있으면 무슨 말을 해야 할지 몰라 긴장하는 당신, 대화가 어려워 소개팅도 무서운 당신, 마음은 그렇지 않은데 여친을 늘 섭섭하게 해버리는 당신. 당신도 이제 대화가 잘 통하는 자상한 남자의 반열에 오를 수 있다. 다시 한 번 정리하겠다. 나의 초등학교 2학년 시절의 우스꽝스러운 일을 잊지 마시라. 그녀에게 답은 꼭 1, 2, 3, 4가 아니다. 여자가 이야기할 때, 핸드폰은 내려놓고 아주 약간만 앞으로 몸을 기울인 뒤, 진심으로 여자의 이야기를 편안히 듣는다. 그리고 그녀의 끝말을 따라하거나, '정말?' '웬일이야!' '진짜?' '헐!' 이 마법의 네 단어를 돌아가며 적절히 사용한다. 그리고 "오빠는 어떻게 생각해?"라는 식의 구체적인 질문형 말이 나오면, 그때서야 오빠의 멋진 이야기를 들려주면 된다. 머지않아 당신은 공감의 힘으로 그녀의 더욱 깊은 진심을 얻을 수 있을 것이다.

어느 날 그녀는 친구들과 이런 얘기를 하고 있을 것이다.

친구 야, 너는 오빠랑 말 잘 통하냐? 아, 난 진짜 짜증난다.
그녀 나? 말 잘 통하는데? 우리 오빠는 얘기 되게 잘해.

우리 오빠는 얘기 되게 잘한단다. 단지, 그녀의 말을 따라하고, '정말?' '진짜?' '웬일이야!' '헐!'을 무한 반복했을 뿐인데 말이다. 이렇게 쉬운 걸 남자들은 왜 모를까?

공감의 힘, 그것은 겸손과 배려의 힘이다. 아마도 그 힘이 여자의 마음 문을 여는 열쇠가 되는 것은 아닐까.

피할 수
있을 때까지
피하라

얼마나 하나님의 뜻대로 살고 싶은지
그 여부에 달려 있다.
수위는 스스로 정하라.

그녀는 예쁘다. 얼굴도 뽀얗다. 그래서 볼도 만지고 싶고, 키스도
하고 싶다. 다리도 하얗고, 얼굴에 흘러내린 머리카락을 보면 설
렌다. 사랑스럽다. 어떻게 만지지 않을 수 있을까. 만져도 본다.
아니, 사실 이미 많이 만졌다. 집에 돌아와 그녀를 떠올린다. 안
돼. 그만하자. 기도한다. 주여, 음란하지 않게 하소서. 성령 충만
을 주소서. 잠깐 나아진다. 그러나 마음과 달리 아직 몸이 식지
않았다. 혼자 처리해본다. 죄책감이 든다. 나는 이미 경험이 있
다. 죄인지도 몰랐다. 하지만 다시 반복하고 싶지 않다. 예수 믿
는 대가가 참으로 혹독하다. 그러나 다시 순결해지고 싶다.

수위의 차이는 있겠지만 한국 교회 청춘남들의 고민이 아닐까 싶

다. 언젠가 집으로 오는 지하철역에서 한 청년의 전화를 받았다. "간
사님, 너무 힘들어요. 혼자 있는데 자꾸 음란한 생각이 들어요. 어떻
게 해야 되죠? 컴퓨터를 치워도 효과가 없어요."

아, 이런 착한 열혈남아들 안쓰러워서 어찌할꼬. 얼마나 많은 크
리스천들이 말 못할 성적 고민을 가슴에 품은 채 살아가고 있는지 모
른다. 수면 아래에 잠겨 있는 고민이 많다. 성은 아름다운 것이고, 자
연스러운 것이며, 멋진 것인데, 그것을 잘 알기 전에 관계를 통한 고
민이 먼저 그들을 이끌게 된다. 성에 대해, 스킨십에 대해 여러 가지
고민이 있을 것이다. 쉽지는 않지만 우리는 잘 헤쳐나갈 수 있다. 이
제부터 나눌 이야기들이 지나온 성에 대해 돌아볼 수 있는 기회가 되
길 바라고 더불어 마음과 생각을 다시 견고히 할 수 있는 계기가 되
기 바란다.

여자가 먼저 원할 때를 조심하라

지영은 스킨십에 매우 약했다. 남자친구의 작은 스킨십에도 너무
나 민감했다.

자신이 왜 그런지 몰랐다. 남자친구는 다른 남자들보다 성에 대
해 순진했다. 데이트할 때 지영은 아닌 척하면서 스킨십을 유도
했다. 남자친구는 잘 넘어왔다. 그는 지영의 의도를 잘 알아차리
지 못했다. 다른 커플은 남자들이 스킨십을 좋아한다던데, 이 커
플은 여자인 지영이 더 원했다. 그러면 안 되는 것 같았지만 쉽게
멈출 수가 없었다.

때론 여친이 더 적극적으로 스킨십을 유도하는 것을 경험한 남자들도 있을 것이다. 특히 외로움이 많은 여자의 경우는 더 많은 스킨십을 요구하는 경우가 있다. 지영은 외로운 성장 배경을 가지고 있었다. 주된 정서가 외로움이었던 그녀는 남자에게 스킨십을 원하기 시작했다. 이런 경우 난감해진다. 여자가 문을 열어줄 경우, 제어 없이 일사천리로 사고가 터질 수 있기 때문이다.

남자들은 외로운 여자들이 당신의 터치를 이용할 수 있다는 사실을 깨달아야 할 필요가 있다. 당신은, 아니 당신도 당하고 있는 중이다. 알고나 만지라는 거다. 그녀들이 나쁜 여자라서가 아니라 단지 그 부분이 연약해서이다. 여자들의 스킨십은 매우 정서적인 것이다. 그녀가 유도해서 만질 때 위험성은 배가 된다. 막상 만질 때는 정신이 없겠지만, 사지분간 못하고 만지다간 큰 사고가 난다. 하와가 아담을 유혹했듯이 그녀는 자연스럽게 당신을 유혹할 수 있는 존재이다. 성적인 욕구는 당신만 있는 것이 아니다. 그녀도 있다. 정신 바짝 차려야 한다. 여자는 티나지 않게, 교묘하면서도 용의주도하게 유혹한다는 특징이 있다.

정서적 애정 결핍을 조심하라

주애는 남자친구인 상민이 점점 부담스러워졌다. 왜냐하면 상민은 만날 때마다 계속해서 스킨십을 요구하고 스킨십을 너무 좋아하기 때문이다. 처음에는 설레는 마음에 주애도 싫지 않았지만, 만날 때마다 스킨십에 목적을 둔 사람처럼 키스하고 만지는 것에

만 집중하는 상민이 싫어지기 시작했다. 주애는 데이트를 하면 대화도 많이 하고 거리도 걷고 재미있는 이야기도 많이 하고 싶었다. 주희가 원한 데이트는 스킨십을 위한 만남이 아니었다. 결국 주희는 견디지 못하고 상민에게 이별을 선언했다.

상민은 나중에 주애를 회상하며 '못된 여자'라는 표현을 썼다. 주애가 떠나면서 이별의 이유를 잘 설명하지 않고 냉정하게 돌아섰기 때문이다. 상민은 어렸을 때 어머니가 돌아가셨고, 새엄마와 살았다. 새엄마는 좋은 분이었지만, 상민은 낳아주신 어머니에 대한 그리움을 가슴에 묻고 살았다. 감성적인 상민은 어머니에 대한 상실을 잘 이겨내지 못했다. 그래서 상민은 연애를 하면 스킨십에 목숨을 걸었다. 만지고 또 만져야만 직성이 풀렸다. 여자들은 상민의 감성적인 면이 따뜻해 그에게 자주 호감을 느꼈지만, 만남은 곧 과한 터치로 인해 막을 내렸다.

스킨십에 대한 욕구가 강한 남자들은 그저 막연히 '나는 비정상이 아닐까?' '변태가 아닐까?' '중독인가?' '성령 충만하지 않은 건가?'라고 생각한다. 자신 안에 있는 욕구 자체를 있는 그대로 대면하지 못한 채 두려움과 죄책감에 휩싸이는 경우가 많다. 하지만 내가 지금까지 성을 고민하는 많은 남자 청년들을 만났지만 그들은 대부분 정상 범위 안에 있었다.

청년 남자들이 성에 대해 피 흘리기까지 싸워야 하는 부분이 있다.

하지만 좀 더 유연하게 자신의 욕구를 대면하고 처리해갈 필요가 있다. 때로 형제들의 과한 성적 욕구는 애정 결핍에서 기인하기도 한다. 상민의 경우가 그러하다. 그들에게 해결점은 정서를 풀어주는 것이다. 특히 어머니라는 존재의 상실로 인한 남자들은 그리움과 사랑의 욕구를 풀어야만 한다. 그런 분들에게 《스무 살 어머니, 정채봉》을 권하고 싶다. 누구보다 어머니를 그리워했던 한 남자의 이야기이다. 그 이야기를 통해 당신의 그리운 어머니를 만나고, 떠나보내고 홀로 서기 할 수 있기를 바란다. 묵은 감정을 해갈하는 것이 건강한 성적 욕구의 기반이 된다. 성적 욕구와 정서의 관계를 좀 더 고민해본다면 도움이 될 것이다. 당신이 너무 섣불리 음란한 남자라고 스스로 단정 짓지 않아도 된다.

옳고 그름에 민감하라

경희는 남자친구와 성관계를 가졌다. 하지만 임신에 대한 두려움은 없었다. 피임을 잘 했다고 생각했다. 그런데 계속 감기 몸살 기운이 떠나지 않아 병원을 찾았다. 감기가 아니라 임신이었다. 그때 그녀의 나이는 스무 살이었다. 도무지 가족에게 말할 수 없었다. 남자친구는 낙태를 원했다. 결국 경희는 낙태를 선택했다. 하지만 그 후로 죄책감과 우울함이 떠나지 않았고, 남자친구와의 관계도 이전 같지 않았다.

많은 남자들이 성적으로 선을 넘을 때 '아기의 출현'에 대해 너무

과소평가한다. 그도 그럴 것이 그들은 직접 생리를 하지 않으니 여자의 몸이 언제나 매달 임신을 준비하고 대비하는 특별한 육체라는 것에 대한 감이 없을 것이다. 언제나 아기를 유념해야 한다. 세상에 100퍼센트 안전한 피임법은 없다. 성관계가 죄인 줄 알면서도 '임신하면 어떡하지' 걱정하면서도 계속해서 그 관계에 빠져있는 경우가 있다. 그리고 은연중에 생각한다. 만일 문제가 생기면 지울 수 있으니까.

나는 개인적으로 아기를 지운다는 말을 너무 싫어한다. 아기가 무슨 연필로 쓴 편지인가. 지운다는 표현은 죄책감을 최소화하기 위한 인간들의 비겁한 어휘 선택일 뿐이다. 아직은 배아인 아기에게 인격성을 부여하지 않기 위해 무의식적으로 만들어낸 표현이다. 정확한 표현은 '아기를 죽인다'이다. 쾌락을 위해 미래에 자신의 아기를 죽일 위험성을 감수하는 것, 꼭 그래야 하나.

낙태는 정신적인 외상을 포함해서 육체적으로 외상을 남길 가능성이 많다. 이를 낙태후증후군Post-Abortion Syndrome이라 한다. 정신적인 증상들로는 우울증이나 자살 충동, 아동 학대, 섭식 장애, 반복적인 낙태 등이 있다. 육체적으로는 방광 손상, 장 손상, 자궁천공, 자연분만의 어려움, 조산 등 각종 문제가 발생한다.

현실에서 편리하게 아기를 사라지게 한다고 해서 문제가 해결되는 것이 아니다. 더욱 많은 문제가 도사리고 있다. 낙태에 관한 여성의 인권을 주장하는 단체도 있고 낙태증후군 자체를 부정하는 의사들도 있다. 하지만 우리가 하나님의 원리에서 생각할 때 낙태의 과정이 인간에게 쓰디쓴 열매를 주는 행위인 것은 당연하다. 우리는 이기심과 편리성을 넘어 그분을 두려워하는 마음을 가져야 한다.

낙태를 하지 않고 아기를 낳기로 결정했을 때도 험난한 여정이 기다리고 있다. 결혼할 수 없는 상황이 되면 미혼모, 미혼부가 된다. 미혼부모들은 경제적인 어려움, 양육의 버거움 등 고독한 상황이 극에 달한다. 가정의 테두리 안에서 출산을 하고 아기를 키워도 어려운데, 홀로 그 일을 감당한다는 것은 상상하기 어렵다.

또, 결혼했다 치자. 우리가 서로 사랑해서가 아니라 '아기 때문에 어쩔 수 없이'라는 조건이 서로를 향한 불신과 원망의 기틀이 될 것이다. 역시 준비되지 않은 육아와 결혼의 현실은 갑작스런 풍랑을 만난 것과 다르지 않다. 또한 출산 후 입양 보내기를 선택했을 때, 평생 떠나보낸 아이에 대한 죄책감을 어찌하고 살아갈 것인가. 그리고 본인들은 선택의 결과라지만, 아이들은 무슨 죄가 있어 환영받지 못한 존재로 태어나고, 상실을 경험하고, 온갖 상처 속에 살아야 하느냐 말이다. 성관계는 하룻밤의 남녀상열지사가 아니다. 그것은 세 사람의 인생을 왜곡시킬 수 있는 행위이다.

강의를 하고 청년들을 만나면서 놀란 것은 그들이 혼외성관계의 부당성에 대해 부분적으로 알고 있는 경우가 생각보다 많았다. 결혼을 약속하면 해도 되는 줄 알았다, 한 여자와는 해도 되는 줄 알았다, 뭐 이런 것이다. 그러나 하나님은 어떤 경우에도 결혼관계 외에서 성적 관계를 허락하신 일이 없다.

그렇다면 요즘 같은 세상에, 그토록 강한 성욕을 다스리는 것이 가능한가. 당연히 가능하다. 어렵지만 가능하다. 혼전까지 성관계를 하지 않고 무사히 결혼에 골인한 커플은 무궁무진하다. 문제는 내가 얼마만큼 성적인 부분을 하나님 앞에 지키기 원하느냐이다. 갈망의 정도가 성공률을 정한다.

네가 선을 행하면 어찌 낯을 들지 못하겠느냐. 선을 행하지 아니하면 죄가 문에 엎드려 있느니라. 죄가 너를 원하나 너는 죄를 다스릴지니라(창 4:7).

우리는 수단과 방법을 가리지 않고 원하는 것을 얻을 수 있는 사람들이고, 또 수단과 방법을 가리지 않고 하지 않을 수 있는 사람들이다. 새벽 두 시이지만 미친 듯이 치킨이 먹고 싶으면, 또 먹기로 결정했다면, 동전까지 탈탈 털어 14,900원을 마련할 것이다. 또 전단지를 뒤져 24시간 영업점을 반드시 찾아내 치킨 흡입에 성공할 수 있는 사람들이다. 치킨을 먹고자 하는 열망이 당신을 끌고 간다. 수련회에 가기 싫을 때는 멀쩡한 엄마를 입원시킨다거나 온갖 핑계를 만들어 끝끝내 대절버스에 타지 않을 수 있는 사람들이다.

성 문제도 그렇다. 잘못된 신화는 '성적인 욕구는 너무나 강해서 이길 수 없다'라는 것이다. 그러나 이것은 거짓이다. 이겨내는 사람들이 있다. 하나님은 인간에게 극복이 절대 불가한 항목을 요구하지 않으신다. 그리고 성령이 당신을 도와주신다. 중요한 것은 '당신이 무엇을 원하는가'이다. 무엇을 갈망하고 원하는가. 성적인 쾌락을 원하는가. 아니면 거룩한 삶을 원하는가. 당신이 무엇을 간절히 원하느냐에 따라 당신의 행동과 선택은 지배받는다.

피할 수 있을 때까지 피하라

죄를 짓고 싶은 생각이 마음에 들어올 때, 옳은 선택을 할 기회가 있다. 당신에게 죄를 싫어하고 하나님을 두려워하는 마음이 있는 것이 안전장치가 된다. 그러므로 선한 것을 갈망한다면 다음의 제안을 받아들여주시면 고맙겠다.

연애할 때 서울(당신이 살고 있는 지역)에서 놀아라. 데이트할 때 "갈 데가 없어요"라는 말을 많이 듣는다. 갈 데는 많다. 정 갈 곳이 없으면 지하철 노선표 펴놓고 한 번도 가보지 않은 역이나 동네에 가서 구경하고 떡볶이만 사먹어도, 3년 치 연애 스케줄은 족히 찰 것이다. 연인이 외곽으로 빠지거나 장기여행을 가면 위험한 일이 생길 수도 있다.

그리스도인 청년들의 혼전여행, 나는 결사반대다. 손만 잡고 올 거라고? 그런 고문과 같은 여행을 돈 쓰면서까지 가야 하나? 참느라 보는 것에 감동도 없고, 먹는 것에 입맛도 없다. 그리고 빈집, 사고 1순위의 장소다. 아파도 자취집에 가지 말 것. 요즘에 죽도 다 배달해준다. 정말 위급한 상황이면 119와 함께 출동한다. 친구와 동행하는 것도 좋겠다. 혼자서는 빈집 입성 금지다. 밤늦게 차 안에서 만나는 것도 피하라. 헤어지기 싫고 이야기할 게 너무 많다면 24시간 패스트푸드점이 널리고 널렸다. 수련회 때 받은 은혜를 나눕네 하고 교회

지하 휴게실에서 깊은 나눔을 하다가 몸까지 나누는 대형사고는 없어야 한다는 말이다. 은혜를 나누다가 인생이 쪼개진다. 갇힌 곳, 둘만 있는 곳, 늦은 밤은 모두 피하라. 피하는 게 상책이다. 일단 그런 곳에 입성 후 견디는 건 고문이요 하책이다.

스킨십의 수위는 성인이 된 각자가 주님 앞에서 알아서 정하고 조절해야 할 것이다. 어디까지라고 누가 정해줘봐야 지킬 수도 없다. 본인들이 얼마나 죄의 영향력을 두려워하고, 하나님의 뜻대로 살고 싶은지, 그 여부에 달려 있다. 수위는 스스로 정하라.

진실한 회개로 회복하라

그러나 이미 선을 넘긴 자들도 있을 것이다. 문제는 죄책감이다. 진정한 회개를 통해 다시 시작할 수 있다. 하나님은 우리가 자백할 때 다 잊어주시는 분이다. 그런데 조건이 있다. 당신의 회개는 이후로 단 한 번도 혼전성관계가 반복되지 않는 것을 통해 진정성이 증명되어야 한다. 진실한 회개는 회복의 은혜가 있다. 스스로를 용서하고 하나님께 진정한 회개를 고하라. 그리고 당신이 깨끗하다는 것을 받아들여라.

그녀를 만지기 전, 당신이 생각해주길 바라는 것들이 있다. 연애는 연애다. 부부가 아니다. 그녀는 아직 내 것이 아니다. 혹시 지금 다른 남자의 아내를 너무 많이 만지고 있는 건 아닌가? 시간을 초월하시는 하나님 앞에 그녀가 다른 남자의 아내로 살아가고 있다면…. 나는 당신이 이 시간을 잘 이겨내 남겨진 남자들의 스승이 되어주길 바란다. 본이 필요하다. 세상이 어떠하든지, 풀은 마르고 꽃은 시들어도, 영원히 변치 않는 주님의 말씀에 순종한 남자들의 이야기가 역사가 되어야 한다. 당신이 꼭 그 역사의 한 줄을 채워주는 고마운 사람이 되기를 바란다.

오랫동안 당신을
사랑한 여인,
엄마

결혼 전 그녀의 인생에
당신을 보낼 수 있는 기회와 시간을 주어야 한다.

　결혼할 때, 준비할 것이 너무 많다. 집, 예식장, 상견례, 예단, 신혼여행, 웨딩 촬영, 살림 장만, 프러포즈, 청첩장, 각종 인사…. 회사 다니면서 교회생활하면서 해야 하는 결혼준비는 상상 그 이상의 체력전이 된다. 시간이 정말 모자란다. 그래서 종종 주변에서 미처 다 하지 못한 결혼 준비에 관한 에피소드들도 들려온다.

　결혼식 전날 예물반지를 맞추러 간 커플이 있었다. 디자인이고 뭐고 상관없이 아무거나 사이즈 있는 것으로 골라 평생 기념할 반지를 준비했단다. 커플 둘 다 재고, 비교하고, 꼼꼼히 따지는 성격들이 아니라서 오히려 스트레스 받지 않고 좋았단다. 이렇게 편하게 결혼할 수도 있다니, 내게 감동을 준 커플이다. 여기서 끝나지 않았다. 신혼여행에서 돌아와 첫 밤을 보내려고 보니 이불이 없네, 이불이 없어.

한밤중에 신혼부부는 대형마트로 출동했단다.

비슷한 사연으로 이불은 준비했으나 베개가 없던 커플도 있었다. 그러나 둘 중 하나는 베개 없으면 절대 잠들 수 없는 인간이었으니, 결국 시댁에서 베개를 빌려왔단다. 나 같으면 수건을 말아서 자면 잤지, 신혼 첫날 새색시가 한밤중에 시댁에 베개 빌리러 가는 용감무쌍함이라니, 나라를 구할 수 있는 대범함이다.

이만큼 결혼 준비는 빠듯하고 분주하게 진행된다. 그래서 바쁜 나머지 더 중요한 것들을 챙기지 못하기도 한다. 결혼을 결정하고 준비하게 되면서 배우자와의 미래에 집중하느라 지금까지의 삶을 함께한 사람들에 대해 미처 생각하지 못하는 우를 범한다. 나도 그랬다.

그러나 아무리 바쁘고 정신없더라도, 배우자에게 혼을 빼앗겼더라도, 당신에게 너무도 소중한 존재 엄마, 그녀는 꼭 챙겨야 한다.

모두 행복해야 하니까

건강한 결혼에서 독립은 중요한 요소이다. 이미 결혼한 이들의 이야기에서 예수님도 풀지 못하신다는 '고부간 갈등'을 제법 들어봤을 것이다. 한 남자를 사랑하는 두 여자의 묘한 기운, 그 사이에 낀 어정쩡한 남자들의 고민이라니. 오죽하면 〈올가미〉라는 영화가 다 나왔을까.

당신이 이민 2세대의 한국인이라면 모를까. 어머니도 한국에서 자랐고, 당신도 한국에서 태어나 자랐다면 필요한 과정이 있다. 당신의 결혼이 행복하기 위해서, 그리고 당신의 엄마가 행복하기 위해서 결혼 전 모자가 이별하는 과정이 필요하다. 서로가 서로를 정서적으로 독립시키는 시간이 필요하다. 결혼이라는 과정을 통해 엄마와 아들의 사랑은 새로운 사랑의 모습을 가져야 한다. 엄마들도 알고 있다. 설교도 들었고 성경도 읽었다. 친구들의 이야기도 들었다. 결혼을 하면 아들이 독립된 존재가 되어 다른 한 가정을 이룬다는 것을 알고 있다. 지금과는 달라질 것이며, 섣불리 개입하지 말아야 한다고 생각한다.

그러나 머리와 가슴이 따로 논다. 그게 말처럼 쉽지 않다. 그녀의 마음속에는 당신이 너무도 깊이 담겨 있고, 당신을 또 다른 가정의 가장으로서 어떻게 대해야 하는지 혼란을 느낀다. 결혼 전 그녀의 인생에게 당신을 보낼 수 있는 기회와 시간을 주어야 한다. 당신으로부터 독립할 시간과 기회를 주어야 한다. 그녀가 생각을 정리하고 당신이 결혼한다는 것에 대해 감을 잡고 마음을 견고히 할 수 있는 과정이 필요하다.

아무리 바빠도 한번쯤 엄마의 인생을 곰곰이 생각해봐라. 하루, 이틀, 삼일 정도는 시간을 내서 그녀에게 집중해주어라. 혹시 앨범에서 엄마의 처녀시절 사진을 본 적이 있는지 모르겠다. 나는 중학교 때 엄마의 아가씨 시절 사진을 처음으로 보았다. 충격이었다. 내 머릿속에 있는 엄마가 아니었기 때문이다. 어떤 낯선 아가씨가 물장구를 치며 웃고 있더라. 나를 낳기 전 엄마는 아가씨였다. 왜 나는 엄마를 원래부터 파마머리 아줌마였을 것이라고 생각했을까. 스스로에게 물었던 기억이 있다.

당신의 엄마도 어여쁜 아가씨였다. 당신의 신부가 아름답고 젊고 싱그러운 것처럼 그녀도 그랬다. 당신을 만나기 전까지는.

기억하라. 그녀의 존재를 다시 생각하라. 그리고 감사하라.

당신을 가장 사랑하는 여인

그녀는 지난 30여 년간 당신을 가장 사랑한 여인이다. 당신의 발차기를 최초로 느낀 사람이고, 피 흘리는 고통 속에서 당신을 낳은 여자이다. 당신에게 자신의 인생 상당 부분과 마음의 전부를 준 귀한 여인이다. 그런 그녀를 홀대하며 떠나서는 안 된다. 결혼 전 그녀에게 당신의 사랑을 고백하고 감사의 마음을 전하길 바란다. 당신은 기억도 못하는 인생의 모든 순간이 그녀의 가슴속에는 고스란히 남아있다. 당신이 처음 말을 시작했을 때, 걸음마를 시작했을 때, 글자와 숫자를 배울 때, 자전거를 처음 탔을 때, 당신이 좋아하던 장난감, 운동회 달리기, 교복 맞춘 날, 사춘기, 합격한 날, 입대한 날, 취직한 날, 당신 삶의 모든 순간이 그녀의 가슴속에 '추억'이라는 이름으로 남아있다.

그녀에게 감사하며 사랑을 고백하는 시간을 꼭 가지길 바란다. 멋진 레스토랑도 좋고 엄마와의 1박 여행도 좋고, 영화를 보는 것도 좋고, 찜질방에 가는 것도 좋고, 등산을 가는 것도 좋고, 좀 더 특별한 하루를 만드는 것도 좋다. 그런 시간이 그녀가 당신과의 이별을 준비하고 받아들이는 기회가 될 것이다. 그녀에게는 그런 시간과 과정이 꼭 필요하다.

입덧을 참아줘서 고맙고, 낳아줘서 고맙다고 말하라. 기저귀 갈아줘서 고맙고, 재워줘서 고맙다고 말하라. 이유식 먹여줘서 고맙고, 아플 때마다 돌봐줘서 고맙고, 지금까지 밥해주고 빨래해준 것 고맙다고 말하라. 사춘기 때의 반항을 참아줘서 고맙고, 휴가 나왔을 때 맛있는 음식 해줘서 고맙다고 말하라. 사고 칠 때마다 아빠로부터 방패막이 되어준 것 고맙고, 고3때 새벽밥 해준 것 고맙다고 말하라. 나보다 내 인생을 더 걱정해줘서 고맙고, 취직했을 때 나보다 더 기뻐해줘서 고맙다고 말하라.

그리고 그녀를 정중하게 포옹해주어라. 30년간 모든 순간을 사랑해줘서 감사하다고, 사랑한다고 그녀에게 꼭 고백하기를 바란다.

만일, 당신의 아버지가 역할을 제대로 하지 못한 경우라면 어머니와의 관계정리는 더욱 필요하고 어려운 과정이 될 것이다. 아버지 대신 의지의 대상이었고 소통의 대상이었던 당신이 떠난다는 것은 어머니에겐 큰 상실이다. 서로간의 건강한 독립이 있어야만 새 식구를 건강하게 맞이할 수 있다. 엄마의 마음을 위해 기도하고 서로 건강한 독립을 할 수 있도록 간구해야 할 것이다. 나머지 가족과의 관계도 마찬가지다. 아버지, 형, 누나, 동생과도 이제는 예전과는 다른 관계의 국면을 맞이한다. 결혼을 통해 모두의 관계도 재탄생한다. 그들에게 감사와 사랑을 고백하라.

언제나 자기 점검

결혼 후 벌어지는 고부간의 갈등에 관한 이야기는 차고도 넘친다.

부부싸움만 하면 엄마 방으로 도망가는 남편, 산후조리할 때 돌봐주신대놓고 산모는 먹을 수도 없는, 아들이 좋아하는 음식만 잔뜩 해놓고 간 시어머니. 한 달에 네 번 있는 주말을 몽땅 시댁에서 보내야 하는 것이 당연하다 생각하는 시부모님. 어려운 경제 상황에 집 사줬으니, 엄마 말은 무조건 들어주는 게 당연한 거라 주장을 펴는 남편. 사전에 협의된 바 없으나 결혼하면 당연히 같은 교회에서 며느리를 대동하여 교회생활을 해야 한다는 어머니. 식사 때마다 엄마표 반찬을 그리워하며 투정하는 남편 등 서로를 너무나 사랑한 나머지 독립하지 못하고 이별하지 못해 벌어지는 갈등의 요인들은 많다.

아들과 엄마의 건강한 독립은 당신의 결혼 준비 중 가장 중요한 사항이라는 것을 잊지 말기를 바란다. 원래 이런 독립은 당신이 스무살 되던 해에 일어났어야 할 일인데, 유감스럽게도 한국의 문화에서는 어려운 일이다.

예전에 친구가 아들을 낳아 보러갔던 기억이 있다. 태어난 지 얼마 되지 않아 누워서 옹알이만 하고 있는 아기를 보며 친구가 이런 말을 했었다.

"나, 애 군대 못 보낼 것 같아. 그 사이에 통일될까?"

그게 12년 전 일이다. 그때는 이 친구 너무 오버한다 생각했지만 지금은 너무도 공감이 간다. 내가 가끔 아들 민혁이가 너무 귀여워서 어쩔 줄 몰라 하면 남편이 묻는다.

"당신, 이래서 애 장가보낼 수 있겠어?"

그 말에 가슴이 철렁했다. 아이는 내 것이 아니다. 하나님이 맡겨

주신 선물이다. 청지기 정신으로 길러야 한다. 머리로는 아는데 가슴
이 알지 못했다. 그래서 나는 가끔 의지적으로 말한다. "민혁아, 너
는 지나가는 남자야. 나에게 남자는 아빠 하나뿐이야." 그럼에도 불
구하고 민혁이가 언젠가 독립해서 떠난다는 생각을 하면 솔직히 말
해 눈물이 핑 돈다. 정말 오버하는 것이다. 그런데 가슴이 그런 걸 어
쩌랴. 이것이 모든 어머니들이 당면하는 내적 싸움이라 생각한다.

카타르시스의 사전적 정의는 이렇다. "정신 분석에서, 마음속에
억압된 감정의 응어리나 상처를 언어나 행동을 통해 외부로 드러냄
으로써 강박관념을 없애고 정신의 안정을 찾는 일."

당신은 엄마에게 카타르시스를 주어야 한다. 그녀는 막연하게나
마 아들이 떠날 것이고 무언가 변화가 찾아오고 있다는 것을 알고 있
지만 실체는 잡고 있지 못하다. 단지 상실의 감정을 느끼고 때론 배
신감이라는 감정을 느끼고 슬픔의 감정을 예상할 뿐이다.

당신이 엄마의 인생을 알아주고, 당신에게 쏟아부은 사랑을 알아
주며, 그것에 감사하고 고백하는 일은 그녀에게는 엄청난 카타르시
스 효과를 가져다 줄 것이다. 그러니 다른 생각하다가 지하철에 가방
두고 내리듯 엄마를 두고 가지는 마라. 그녀는 꼭 한번쯤 당신에게
그런 고백을 들어야 하는 사람이다.

헤드폰
씌워주는 남자

여자가 남자를 다시 보게 될 때는
그 사람이 나를 존중해줄 때이다.

　남지와 여자는 다르다. 남자와 여자는 주된 생각도, 주된 이야기
도 다르다. 여자들은 주로 관계에 대한 이야기, 결론이 필요 없는 이
야기를 좋아한다. 드라마, 액세서리, 지난밤에 있었던 일 등 각종 소
재로 스토리텔링을 한다. 남자들은 정보를 나누는 것을 좋아한다. 정
치, 시사, 새로운 통찰, 잠정적 결론, 대안 제시 같은 것 말이다. 최신
기계들에 관한 각종 정보와 사용후기를 나누며 즐거워한다. 나는 이
차이를 페이스북을 통해 절감한다. 누군가 새로 카메라를 샀다며 귀
여운 아기의 사진을 찍어서 올리면 댓글의 반응이 재미있다.

　여자들이 "아기 정말 예뻐요. 카메라 사셨나봐요"라고 댓글을 쓴
다면,

　남자들은 "카메라 진짜 죽이는데요. 잘 사신 것 같아요. 아기 귀엽

네요"라고 쓴다. 눈에 들어오는 대상의 순서가 다르다. 미묘하나 선명한 차이를 보인다.

이런 우스갯소리가 있다. 여자들이 제일 싫어하고 재미없어 하는 이야기의 3위는 남자들의 축구 이야기이고 2위는 군대 이야기, 단연 1위는 군대에서 축구한 이야기란다.

남자도 여자의 대화가 어렵지만 여자도 남자와의 대화가 몹시 어렵다. 특히 남자 무리 사이에 껴 대화할 때 어렵다. 그것은 당신이 본 적 없는 드라마에 대해 수다를 떠는 아줌마 네 명과 밥을 함께 먹을 때 느끼는 감정과 비슷하다고 할 수 있다.

당신이 마음에 두고 있는 여자가 있는데, 개인적으로 그녀에게 당신을 어필할 기회를 찾고 있다면 이제부터 이야기하는 상황을 잘 참고해서 활용해보기 바란다.

보통의 상황은 이렇다. 교회 모임 후 커피를 마시거나, 밥을 먹는 자리. 회사에서 함께 점심을 먹거나 차를 마시는 자리. 회의하다 잠깐 쉬는 시간. 무언가 자유로운 잡담이 오고갈 수 있는 시간과 상황이다.

상황1 누군가 요즘 이슈가 되는 정치 상황에 대한 이야기를 한다. 너도 나도 한마디씩 거들고 다양한 의견이 오간다. 누가 죽일 놈이고 누가 살릴 놈인지 실명이 오가고 그를 죽여야 하는 이유와 그를 살려야 하는 이유가 살벌하게 오고간다.

상황2 누군가 새로운 기계를 샀다. 노트북, 카메라, 스피커, 자동

차… 기능에 관한 질문이 쏟아지고 사용후기도 나온다. 이전 제품의 비교 분석도 나와주시고 새 제품을 예견하기도 한다. 더불어 제품을 만든 기업에 관한 이야기는 당연히 덧붙여진다.

상황3 오늘의 스포츠뉴스. 어디랑 어디랑 붙는단다. 무엇이 변수다. 어떤 선수가 문제다. 과거 어떤 경기에 뭔 일이 있었네, 반칙을 했네, 심판이 누구네, 부상을 당했네, 연봉이 얼마네 등의 이야기가 오고간다.

내 경험상 많은 남자들은 이런 주제의 대화가 나오면 달린다. 끝까지 한다. 자기네들끼리 정보력 경쟁을 하는 것 같기도 하고, 진짜 재미있어 하는 것 같기도 하고, 그 둘 모두인 것 같기도 하고. 아무튼 달린다.

이때 여자들의 반응은 주로 세 종류 정도 된다.

첫 번째, 그 대화에 합류하여 함께 썰을 풀며 적극적으로 대화에 참여하는 여성이다. 훌륭하다.

두 번째, 그 주제를 모르는 것은 아니나 그렇다고 적극적으로 참여할 만큼 흥미롭지 않다. 그리고 모두를 배려하지 않는 대화 패턴에 불쾌감이 들기 시작한다.

세 번째, 전혀 모르는 이야기이다. 흥미롭기도 하고 지루하기도 하다. 대화가 진행될수록 소외감이 들고 자존심이 상한다.

적지 않은 여자들이 남자 무리 속에서 대화할 때, 고립감과 소외감을 느낀다. 하지만 티 내지 않는다. 그녀들에게는 센스와 자존심이라는 것이 있기 때문이다.

결혼 후 전업주부가 된 여자들은 더하다. 나와 동지인 그녀들 역시 교회에서나 인터넷 공간에서 이야기를 나눌 때 눈치를 보게 된단다. 내가 지금 분위기 파악을 하고 있는 건가? 정보수집 능력은 취약해지고 사회적 자신감은 약화된다.

얼마 전, 북한의 김정일위원장이 사망했을 때, 나는 그 사실을 그날 저녁에야 알았다. 낮에는 아기를 보느라 TV를 잘 켜지 않는다. 라디오를 들을 때가 있지만 그것도 매일은 아니다. 저녁에 남편과 통화하면서 알았다. 나는 너무 놀랐고, 당장 뉴스를 보고 싶었다. TV를 켜려 했는데 이놈의 리모컨이 보이지 않았다. 아들 민혁의 극진한 사랑을 받고 있는 리모컨은 그의 사랑을 받다가 어딘가 버려졌던 것이다. 소파 밑을 보고 장난감통을 뒤지고 식탁 밑, 유모차, 목욕탕, 집안을 다 뒤졌다. 흥분한 나는 "김민혁, 너 도대체 리모컨을 어디다 둔 거야 응? 엄마가 그거 만지지 말랬지? 너, 지금 무슨 일이 일어난 줄 알아?"며 소리쳤다.

종종 남자들이 어떤 사안에 대해, 그 배경과 앞뒤좌우의 숨겨진 이야기, 역사의 흐름을 이야기할 때면 입이 딱 벌어질 때가 있다. 너무 똑똑하다. 바이러스 먹은 컴퓨터를 돌아오게 하고, 엉킨 프로그램을 능수능란하게 풀 때면 경이롭다. 와, 저런 걸 어떻게 다 알까? 감탄스럽다.(물론 자매님들 중에도 그런 분 많다.)

그런데 자매님들, 이 지점에서 갈린다. 남자가 잘 가르쳐주고 문제를 해결해주면서도, 무지한 자신을 존중해주면 근사해 보이지만,

조금이라도 무시한다는 기운을 느끼면 딱 재수없어지시는 것이다. 능력이 아무리 뛰어나도 배려를 모르는 남자는 별로라 생각한다.

고로 당신이 누군가를 마음에 두고 있다면, 대화 속에 숨겨진 그녀의 반응을 잘 관찰해보아라. 첫 번째 여자의 경우인지, 두 번째 또는 세 번째 여자의 경우인지. 만일 두 번째, 세 번째 경우에 속하는 여자라면 다음 모임 때 반드시 그 여인의 옆자리를 사수하라. 그리고 또다시 남자들의 대화가 진행될 때, 그 대화에서 빠져 나와 잠시 그녀에게 다른 주제의 이야기를 던져보라. 커피 맛은 어떠냐, 여기 춥지 않냐, 혹은 덥지 않냐 하며 물어보라. 한두 단어 정도의 낙서도 좋다. 예를 들어 누군가 정신없이 썰을 풀고 있는 중이라면 "말이 빨라" 정도의 메모를 던져보라. 만일 소수의 모임이라 이런 행위가 곤란하거든 눈짓도 좋다. 아름나운 보디랭귀지가 있지 않은가. 물 마실래? 커피 더 마실래? 배 안고파? 등의 의미를 전달하는 것, 이것은 기술이 아니고 배려이다.

〈라붐〉이라는 오래된 영화가 있다. 그 영화에는 아주 로맨틱한 장면이 나온다. 댄스파티 중에 빅(소피마르소)은 시끄러운 음악과 춤추는 사람들 속에서 혼자 서 있다. 그녀에게 한 남자가 다가온다. 그리고 그녀에게 헤드폰을 씌워준다. 그때 이 영화의 주제곡인 'Reality'가 조용하고도 감미롭게 흘러나온다. 댄스파티의 한가운데서 이 둘은 아름답게 블루스를 춘다.

이렇게 그녀에게 헤드폰을 씌워주라는 것이다. 그녀가 잘 적응하지 못하고 완전히 합류하지 못하는 대세 속에서 정서적인 친밀감으로 그녀와의 관계를 얻을 수 있다.

여자들은 어떤 상황 속에서도 존중을 원한다. 여자가 남자를 다시 보게 될 때는 그 사람이 나를 존중해줄 때이다. 내가 아는 한 자매는 상당히 매력적이지만 차갑다. 그녀의 콧대 높음이 이루 말할 수 없어서 접근하기가 어려웠다. 그런데 갑자기 그녀가 연애를 시작했다. 어떻게 마음을 열었냐고 묻자, 첫 만남 때 나란히 돌계단 위에 앉으려는데, 남자가 손수건을 깔아줬단다. 아, 듣는 순간 로맨틱하기보다는 좀 촌스럽다고 생각됐으나, 다시 한번 내 일이라고 생각하며 상상해보았다. 싫을 이유가 없다. 결국 그녀는 그와 결혼했다. 손수건 사랑은 위대하다. 존중과 배려는 여자들에겐 사랑의 코드이다. 형제들을 위해 다시 한 번 정리해주겠다.

1. 남자 무리들이여, 남녀가 함께 대화하는 상황에서 주제 선택을 편향적으로 하지 않았으면 좋겠다. 모두의 관심사가 같지 않고, 흥미도가 같지 않다. 대화의 시간은 양쪽 모두에게 유익하고 소중한 시간이 되어야 한다. 물론 이것은 남자 하나 앉혀두고 여자 다섯에서 미용실 이야기할 때도 적용되어야 할 것이다.
2. 당신이 마음에 두고 있는 그녀가 이런 상황에 자주 놓이는 사람이라면 헤드폰 씌우기 방법으로 다가가보라. 그러나 마음가짐은 기술이 아닌 배려이다. 그렇게 그녀와의 첫 블루스를 당겨주시라.

4

새로운 길을 걷는

당신에게

살콤 조언

남자들도 알아야 할
임신과 출산

남편들은 사랑을 지키기 위해
그녀의 마음을 지키기 위해
출산하는 아내 곁에 무조건 있어야 한다.

드라마 속에서 흔히 보는 장면이 있다. 탁상달력을 집어들고 날짜를 세다가 멈칫한다. 그리고 갑자기 화면이 바뀌며 흰가운을 입은 의사가 말한다. "축하합니다. 임신입니다." 여자는 강낭콩처럼 생긴 아기 사진을 경이로운 표정으로 보고 또 보고, 남자는 여자를 안아서 한바퀴 돌리고는 이내 여자 배를 쓰다듬는다. 행복에 겨운 부부의 모습이다.

모든 남편이 부인을 안아 돌리며 격한 기쁨을 표현하는 것은 아니지만, 뭐 현실에서도 비슷하기는 하다. 요즘은 결혼이 늦어지다보니 은근히 불임에 대한 불안감이 있다. 불안감만큼 아기는 기다려지고 기다린 만큼 임신은 기쁘다. 남편들은 진짜 가장이 된다는 부담감을 느끼긴 하지만 그래도 감사한 마음이 더 크다.

　나도 아기가 빨리 생긴 편은 아니다. 간절히 원하고 바라고 기다린 뒤에야 임신했다. 임신 사실을 알았을 때의 기쁨과 경이로움은 표현할 수 없다. 그러나 기쁨과 함께 임신은 곧 현실로 다가왔다. 바로 입덧. 입덧은 임신의 기쁨에 고통이라는 돌덩이를 얹어주었다.

　입덧의 고통을 함께 나누라

　입덧이 심했던 여자들은 출산의 고통보다 입덧을 더 두려워한다. 남자들이 군대에서 고생했던 경험만큼 파란만장하다고 할 수 있다. 냉장고에서 미세하게 풍겨나오는 냄새를 견디다 못해 모든 틈 사이를 테이프로 붙여 냉장고를 통째로 봉인한 여자도 있다. 언젠가 세일에 눈이 멀어 상당량을 비축해둔 삼겹살 덩어리가 냉동실에 있다는 걸 깨달은 여자가 격한 울렁증을 느끼며 친구에게 모두 떠안겨보낸 경우도 있었다. 비누 냄새 샴푸 냄새도 맡을 수 없어서 집에 있는 모든 비누와 세제를 싹 치워서 물로만 씻어야 했던 남편의 이야기도 들었다. 토하다 목에서 피가 나오는 것은 기본이다. 퇴근한 남편이 불러도 대답 없는 아내를 집안에서 찾아헤맨다. 널브러진 아내가 발견되는 곳은 주로 화장실 변기 근처이다. TV도 못 본다. TV에서 음식만 나오면 "꺼! 꺼!"를 연발하며 입을 막고 화장실로 달려가는 것은 아내의 새로운 취미생활이 되신다. 이런 식으로 짧게는 한두 달, 길게는 아기 나올 때까지 간다.

　이해를 돕기 위해 입덧에 대한 좀 더 친절하고 자세한 설명을 덧붙이고자 한다. 입덧의 느낌을 생생하게 기억해두었다가 아내 혹은 여직원 혹은 교회 자매들이 중요한 일을 앞두고 입덧을 핑계로 일을 엎어버리거든 부디, 너그러이 은혜를 베풀어주시기를 바란다. 개인차가 크겠지만 내가 느낀 입덧의 느낌을 표현하자면 이렇다. 참고로 나는 임신 7개월 동안 입덧을 했다.

일단 메주를 콩알 크기로 두 개 빚는다. 그리고 그것을 콧구멍에 대롱대롱 매단다. 그다음 위장을 모두 비운 뒤, 기름에 비빈 된장덩어리로 위를 채운다. 그 상태로 찌는 듯한 여름, 먼지 펄펄 날리는 비포장 시골길을 덜컹거리며 달리는 버스에 올라탄다. 당연히 에어컨 가동 없고, 창문은 하나도 열리지 않는다. 그렇게 두 달 동안, 콧구멍에 메주 달고 울렁증에 시달리고, 위에는 기름이랑 된장 담은 채, 비포장도로를 달리는 버스에서 못 내리는 것, 그게 입덧의 느낌이다.

네 알쯤 되는 몸살약 삼키다 미처 못 넘긴 한 알이 하필 바로 목구멍에 딱 걸려 안 넘어간 경험이 있으신가. 길고도 길게 쓴 맛의 여운을 남겨주던 그놈. 아니면 아주 쓴 가루약을 털어넣었는데 물이 모자라서 침으로 삼켜야 했던 그 쓰디쓴 과정. 임신하면 이렇게 입이 이를 닦아도 쓰고, 단것을 먹어도 쓰다. 잠잘 때? 입덧하는 꿈꾸면서 잔다.

자, 몸에서 이런 일이 벌어지는데 이 상태로 지하철을 탈 수 있나. 못 탄다. 이 상태로 회식 갈 수 있나? 못 간다. 테이블마다 다니며 토하고 싶은 마음이 동한다. 입덧 때문에 아무것도 못 먹고 누워만 있는 여자들이나 링거로 연명하는 여자들이 꽤 된다. 음식뿐만이 아니다. 냄새, 그것이 우리를 죽인다. 아, 세상에 이토록 많은 종류의 냄새가 있었던가. 세상은 온갖 냄새들로 가득하다. 그것도 도무지 맡을 수 없는 냄새들. 비누 냄새, 콧김 냄새, 코트 냄새, 김치찌개 냄새, 삼겹살 냄새, 향수 냄새, 된장 냄새. 온갖 냄새들이 구토를 유발한다. 그리고 이 모든 냄새들이 공존하는 지하철. 여차하면 무조건 내려야 한다. 나는 입덧을 경험한 뒤로 지하철에서 무엇을 잘 먹지 않는다. 지하철에서 누군가가 먹는 음식 냄새가 얼마나 역한 것인지 임신했을 때 알게 됐다. 그 사람이 즐겁게 한입 두입 먹는 동안 나는 사투를 벌이며 목적지로 간다. 남자들이 군대 이야기하듯 여자들은 입덧과 출산이야기를 한다. 그것은 그녀들에게 매우 특별하고 혹독한 경험이기 때문이다. 기쁨과 더불어 이런 고통 속에서 한 생명이 자란다.

> 또 여자에게 이르시되 내가 네게 임신하는 고통을 크게 더하리니 네가 수고하고 자식을 낳을 것이며(창 3:16).

아이를 낳는 순간뿐만 아니라 입덧의 경험은 여자들에게 고통스러운 시간이다. 입덧이 심해서요, 통 못 먹어요, 오후에나 출근할 수 있을 것 같아요, 오늘 회식에 참석 못할 것 같습니다, 도무지 차를 탈 수가 없어서요.

그녀들의 입덧 퍼레이드. 솔직히 그녀들의 이야기에 무심하게 반응한 적도 있을 것이다. 혼자만 임신하나, 유난일세, 도대체 뭐가 얼마나 힘들기에, 책임감도 없군이라며 비정한 생각을 했을지도 모르겠다. 그러나 그녀들을 대변해 말해주고 싶다. 입덧은 정말 사람을 죽이는 일이다. 지금보다 더 그녀들을 이해해주고 배려해주면 고맙겠고, 아내가 이 일을 겪을 때는 절대적으로 사랑을 바칠 것을 권유한다.

출산의 기쁨을 함께 나누라

이리하여 입덧의 시간을 지나 아이는 자라고 드디어 우리 곁에 모습을 드러낸다. 출산이라는 신비롭고 드라마틱한 과정이 꼭 필요하다는 것이 유감이지만 말이다.

어느 집회에서 있었던 일이다. 사회자가 다음과 같은 멘트로 강사를 소개했다. "부인이 지금 출산 중에 있음에도 이 자리에 와주셨습니다!" 이런 헌신에 박수를 짝짝짝 치라는 유도성 멘트였다. 어이가 없었다. 아내가 아기를 낳는 것보다 더 중요한 일이 있는 것인가? 강의를 듣는 이들이 천 명이 넘었다고 우선순위를 바꾸다니 그분에게도, 또 박수치는 사람들에게도 화가 났다. 절대적 고독 속에 혼자 진통을 하는 그녀에게 남편을 보내주어야 하는 것이 그리스도인들이 취해야 할 마땅한 태도가 아닌가. 한 여자를 버린 채 우리가 논하는 그리스도의 진리는 얼마나 의미가 있는 것인가. 강의 하나 안 듣는다고 누군가 죽지 않는다. 그러나 그녀는 죽을 수 있다. 물리적 목숨이 아니더라도 그녀의 정서는 죽는다. 그녀 마음 속 남편을 향한 사랑이 죽는다.

나와 함께 있나요?

부부생활에서 가장 이해받지 못하는 것 중에 하나가 바로 자녀의 출산이다. 실제로 출산을 계기로 틈이 벌어지는 부부가 많다. 여기에서 무엇보다도 치명적인 사실은, 출산이 예외적인 특수상황이고 절체절명의 중대한 순간이라서 그때 생겨난 감정의 틈을 나중에 거의 의식하지 못한다는 것이다. 여자들은 삶과 죽음의 문턱에서 갑자기 버림받았다고 느낀다. 그리고 남자들은 생명이 태어나는 순간에 뼈저린 무력감을 느낀다. 이것은 누구나 인간으로서 겪는 근본적인 체험이다. 특히 많은 여자들이 깊은 실망과 분노를 맛보는데, 그런 감정은 오랜 세월이 흐른 후에야 비로소 표면으로 떠오른다. (중략) 많은 여자들이 출산 후에 남편을 존중하는 마음을 잃어버린다. 출산하는 내내 남편이 곁을 지키며 손을 잡아주었다고 해도 그녀들은 절망감과 고립감을 맛본다. 심지어는 자신도 알 수 없는 이유에서 분노를 터뜨리며 남편의 손길을 거부하고 남편이 분만실을 나가기를 요구하는 여자들도 있다.

_《너 자신을 사랑하라》

나는 이 책의 말에 많은 남자들이 귀 기울여야 한다고 생각한다. 이 관점에서 출산을 겪는 아내들을 대면하고 관찰한다면 도움을 얻을 수 있을 것이다. 여자들은 출산을 하며 죄의 감정과 내면을 가진 한 인간으로서 혼란을 겪는다. 성향에 따라 경중이 있고 또 얼마만큼 자신의 내면에 민감하느냐에 따라 느끼는 차이가 있다. 아내는 달라진다. 출산하는 날 아이도 태어나지만 당신의 아내도 다른 여자로 태어나는 것이다.

남편들은 사랑을 지키기 위해 그녀의 마음을 지키기 위해서라도 진통하고 아내 곁에 무조건 있어야 한다. 함께 있는 것이 근본적인 답이 되지 못하더라도 그녀 곁에 꼭 머물러주어라. 입덧과 출산의 과정은 육체적으로 큰 변화가 찾아오는 시기인 동시에 정서적으로 격변을 맞이하는 시기이다. 모쪼록 아내의 입덧과 출산 여정을 함께하는 동반자가 되어주면 좋겠다.

당신에게는 항상 내적 필요들이 있다. 사랑받고 싶어. 아내가 항상 웃는 얼굴로 나를 맞이하면 좋겠어. 집에 항상 맛있는 것이 있었으면 좋겠어. 아내가 나를 칭찬해주면 좋겠어. 아내가 언제나 예쁘게 화장하면 좋겠어. 집안이 항상 깨끗하고 아늑했으면 좋겠어. 난 혼자만의 시간이 꼭 필요한 사람이야. 나는 축구를 꼭 해야 해. 나는 스포츠뉴스를 안 보고 산 적이 없어. 나는 하루에 7시간은 자야 해. 혼자만의 묵상과 기도 시간이 필요해. 일주일에 한번은 친구들과의 만남이 필요해. 필요해, 필요해, 필요해. 그 필요들은 조금이라도 허기가 지면 채워달라고 난리이다. 그런데 임신과 출산을 하는 시기의 아내는 이전과 같을 수 없다. 당신에게 이전처럼 적극적으로 사랑을 줄 수 없는 시기이다. 에너지가 없고, 호르몬의 변화도 심하다. 그 시기는 더 많은 배려와 보호와 돌봄을 필요로 한다. 그 시간만큼은 당신이 무조건적으로 주어야 하는 시간이다. 잠시 당신의 필요를 접고 아내에게 집중할 것을 권한다. 당신이 사랑을 줄 때 그 사랑은 반드시 당신에게 돌아온다. 하지만 그 시간마저 당신의 필요를 채워달라고 아이처럼 징징대며 당신을 향한 아내의 신뢰는 산산조각 날 것이다.

임신과 출산은 부부에게 가장 큰 선물을 받는 시간임과 동시에 가장 큰 위기의 시간이 된다는 것을 명심하라. 그때 당신은 한 남자로서 모든 상황을 감당해야 할 것이다. 나는 이 사회가 여성의 임신의 출산에 대한 의미를 너무 단순하게 받아들인다고 생각한다.

당신이 사랑하는 그녀와 결혼하기로 마음먹었다면 앞으로 들이닥칠 이 모든 변화의 여정을 조금은 더 심오한 차원에서 생각해주길 바란다. 그리고 심오한 일을 겪을 그녀를 보호하고 감당하겠다는 결심을 해야 한다. 입덧과 출산의 과정, 그녀를 대신해 감당해줄 사람 없듯 당신을 대신해 그녀를 보호하고 지켜줄 사람 없기 때문이다. 그녀에게는 오직 당신뿐이다.

그녀가
엄마로 변한다

이 땅의 남자들은 그렇게 연약한 여자들을
사랑하도록 부름 받은 자들이다.

결혼 후, 당신에게 숨막히는 책임감을 주는 '가장'이라는 이름이
생긴다면 그녀들에게는 도망갈 수 없어 숨찬 이름 '엄마'라는 역할
이 생긴다. 임신으로 시작되는 '엄마'라는 길. 남자들이 결혼 전에
생각해봐야 하는 중대사이다. 엄마가 되는 일에 관해 이야기를 해보
자. 범주를 정하자면 아이들이 스스로 많은 것을 할 수 있는 네 살 정
도가 되기 전까지의 양육 기간, 처음으로 엄마가 되어본 그녀들의 좌
충우돌 성장기에 관한 이야기가 되겠다.

두렵고 어려운 이름, 양육

지인에게 피치 못할 사정이 생겨서 다섯 살 정도 되는 어린 아이를
시골에 사는 할머니에게 두어 달 맡긴 적이 있단다. 손주는 뼈가 녹

212

게 예쁘다는 말이 있다. 할머니는 어린 손녀를 물심양면으로 돌봐주었다. 그리고 두어 달이 지난 어느 날 부모가 아이를 찾으러 갔다. 너무도 귀여운 딸아이가 마당에 앉아 누렁이와 놀고 있더란다. 그런데 낯선 이들의 등장에 경계심을 가진 누렁이 시끄럽게 짖어댔다. 그러자 딸아이가 누렁이가 앞에 천연덕스럽게 쪼그리고 앉아 다음과 같이 구수한 멘트를 정겹게 날리더란다.

"야, 이년아. 내가 너 때문에 시끄러워서 못살것다."

아이는 두어 달 동안 새로 접한 문화의 모든 것을 흡수했고 체화했다. 이 이야기를 전하는 이나 듣는 이나 다섯 살배기의 행동이 귀여워서 박장대소했다. 하지만 이 이야기는 여자들의 양육에 대한 긴장감을 시사한다. 아기는 떼어놓기 어려운 존재라는 것이다. 독립시킬 수 없는 존재이다.

여자들의 양육 긴장감과 스트레스는 여기에서부터 출발한다. 아무리 독립적인 시간과 공간이 중요했던 여자라고 하더라도 당분간 독립적인 생활은 없다. 독립은커녕 '아이와 함께하는 원시생활'이 시작된다. 원시생활이라는 표현을 쓴 이유는 가장 기본적인 욕구를 통제받으며 살아야 하기 때문이다. 엄마와 떨어져 있을 때 아이는 자신의 의도와 상관없이 변화한다. 엄마는 아이를 떼어놓을 때 죄책감과 일종의 두려움을 느낀다. 함께 있으면 체력적으로 너무 달리지만 떼어놓으면 불안하다. 이 스트레스는 애착을 형성하고 양육의 책임을 일차적으로 느끼는 여자들의 양육 긴장감이다. 어떤 상황에서도 붙어 있는 존재가 생긴 것이다.

이것은 아빠들이 받는 스트레스와는 다르다. 아빠들은 가장으로서 책임이라는 경제적 압박을 느끼고, 여자들은 정서적이고 생물학적인 압박을 느낀다. 경중의 차이라기보다 서로 받는 스트레스가 다르다. 아기들은 100퍼센트 자신만을 위해 존재할 애착 대상을 원하고 한국에서는 대부분 엄마가 그 역할을 한다. 애착은 한 명하고만 형성되는 것은 아니지만 가장 안정적인 양육자는 엄마가 되는 것이다. 그녀들이 이 일을 예상하고 준비되었는지 안 되었는지는 상관없다. 아기는 무조건을 요구한다. 아기가 갓 태어나고 100일이 되기 전까지 여자들에게 이 스트레스는 최고이다. 그야말로 그때는 아기의 목숨이 엄마에게 달린 상황이기 때문이다. 갑자기 한 생명의 생사가 손에 맡겨진 기분은 당혹스럽기 그지없다.

누군가 함께 있던 산후조리 기간은 끝난다. 남편이 출근하면, 목도 못가누고, 팔다리도 연약하고, 숨도 잘 못 쉬는 아기와 단 둘이 남겨진다. 두렵다. 예쁘고 신비하고 사랑스러운 만큼 두렵고 어렵다. 엄마는 잠을 이루지 못한다.

직장생활만큼이나 힘든 육아

모유 수유를 하는 경우는 더 힘들다. 아기 탄생 후 모유를 물리기로 작정한 순간부터 그녀들은 잠과의 전쟁을 시작한다. 안정기가 되기까지 세 시간에 한 번씩 젖멍울이 생기지 않게 마사지하면서 모유를 돌게 한다. 제때 젖멍울을 풀어 모유를 짜거나 먹이지 않으면 젖몸살이 그녀들을 기다리고 있다. 아기는 밤낮이 없다. 아기가 깨어

있으면 낮이고 아기가 자면 밤이다. 그녀들은 갑자기 모든 것을 통제
당한다. 잠, 화장실 가는 문제, 먹는 것, 외출에 자유롭지 못하다. 아
기가 몸 밖으로 나오는 순간 모든 것이 달라진다. 아기의 탄생은 변
혁이다. 아기는 모든 것을 통제하고 다스린다. 내가 아는 한 간사님
은 육아란 주님이 오시는 것이라 했다. 맞다. 아기는 주님으로 오셔
서 우리의 시간과 공간을 다스리시고 통제하신다. 우리가 그분을 사
랑하는 한 그분의 종이 될 수밖에 없다. 나는 아기를 낳고 종의 도를
다시 생각했다. 이것은 한 개인에게 예측할 수 없었던 도전이며 변화
의 촉구이다.

　게다가 관계중심적인 여자들은 갑자기 세상과 단절된다. 소통할
곳이 현저하게 줄어든다. 외출이 자유롭지 않고 아기 때문에 전화도
쉽지 않다. 하루 종일 긴 문장으로 이야기할 기회가 없는 날도 많다.
집안에서 양육만 하는 여성들은 아이와 함께 갇힌다. 만일 당신의 아
내가 워킹맘이라면 그녀는 더욱 강한 체력이 요구된다. 밖에 나가 있
어도 아이에 대한 생각에 자유로울 수 없고, 일이 끝나면 발걸음을
재촉해 귀가하고 양육모드에 돌입한다. 나는 아이를 낳고 3일은 집
밖에서 일을 하고, 4일은 집안에서 일하는 여자로 살았다. 어렴풋이
양육만 하는 여자들의 애로사항과 워킹맘의 비애를 곱배기로 맛보았
다. 둘 다 어렵다. 어려움이 다를 뿐 둘 다 만만치 않다.

　어딘가 붙어 있던 출산 장려 캠페인 문구를 본 적이 있다. 대충 이
런 거였다. '낳는 기쁨 기르는 재미' 나는 그 문구를 보면서 생각했
다. 저 문구는 분명 남자가 쓴 거다. 밤중 수유해본 사람이 저런 문구

를 천연덕스럽게 쓸 수는 없다. 출산을 장려하려면 저 따위 감언이설 멘트보다 '아기 예쁘지만, 키우기는 정말 힘드시죠? 그래도 가치 있는 일입니다. 도전하세요'라는 멘트가 차라리 인간적이라 생각했다. 이 땅의 많은 여성들은 대체로 매우 어렵게 엄마의 역할을 소화하고 있다.

엄마가 된 그녀를 돌보라

몇 년 전에 생후 25일 된 딸이 보챈다며 친모가 창문 밖으로 던져 살해한 사건이 있었다. 아기의 엄마는 구속되어 조사를 받았다. 그 결과 아기의 엄마는 산후우울증에 시달려 범행을 저질렀다는 사실이 밝혀졌고, 정신상태와 성장과정, 범행동기, 남편의 적극적인 선도의지 등을 고려해 구속이 취소되었다. 검찰조사 결과 아기 엄마는 청소년기에 어머니가 가출한 뒤 아버지로부터 지속적인 폭행을 당하며 살았다. 그 후 대인관계가 원만하지 못했고 우울증이 생긴 상태에서 임신하자, 딸도 자신과 같은 처지에 놓일 수 있다는 생각에 아기를 살해하기에 이르렀던 것이다.

'어떻게 이런 일이 벌어질 수 있지?' 하는 충격적인 사건들이 뉴스를 통해 지속적으로 들려온다. 스트레스와 우울증으로 아기를 죽이는 엄마들의 이야기는 잊을 만하면 뉴스에 등장한다. 아기를 낳기 전에는 이런 소식을 들으면 '미친년'을 남발하면서 분노를 금치 못했다. 그러나 아기를 낳고 키워보니 그녀들을 무조건 '죽일년'으로 매도할 수 없다는 생각이 들었다. 아기를 죽인 행동은 잘못된 것이 분명하다. 극도의 스트레스 상황이라고 누구나 다 그런 선택을 하지 않으니 변명의 여지는 없다. 그러나 그럼에도 불구하고 그녀들에 대한 긍휼한 마음이 생겼다. 역기능 가정 속에서 애정결핍된 그녀들이 절대적 사랑을 주어야 하는 엄마라는 존재가 되었을 때, 극복할 힘이 어디서 생길 수 있겠는가.

양육의 일상은 많은 에너지를 필요로 한다. 시시때때로 기저귀를 갈고 씻겨야 한다. 이유식을 만들어야 하고, 이유식을 먹여야 한다. 웬만한 아이들은 가만히 앉아 받아먹질 않는다. 먹일 때마다 전쟁이 벌어진다. 우리 아기는 이유식을 너무 싫어해서 한 끼 먹이는 데 1시간 30분이 걸렸다. 숟가락 들고 다니다 하루를 다 보낼 때도 있었다. 옷을 하루에도 두 번 이상은 갈아 입혀야 한다. 물론 옷 입힐 때도 아이들은 얌전하지 않다. 이것은 기본이다. 아기들은 욕구가 많다. 같이 놀아야 하고 사랑을 표현해주어야 하고 안아주어야 하고 재워주어야 한다. 엄마들의 모성애가 처음부터 강력한 것은 아니다. 아기와 함께 지내고 자고 먹이고 달래고 간호하고 등짝이 굳게 업고 재우면서 강해지는 것이다. 엄마는 처음엔 약하다.

앞으로 우리 사회에 이런 뉴스가 더 많아질 것이라는 슬픈 예견이 든다. 그것을 막을 수 있는 방법은 모든 가정이 건강해지고 사회와 교회가 그녀들을 돕고 남편이 그녀의 버팀목이 되어주는 것이다. 예전에 한 목사님에게 이런 설교를 들은 적이 있다.

'아기가 태어나면 여자는 5년간 아기를 돌보고 남자는 5년간 여자를 돌보는 것이다.'

싱글일 땐 무슨 의미인지 몰랐는데 그만큼 남편의 존재는 초보엄마에게 절대적이다.

이 땅을 살아가는 많은 여성들에겐 상처와 아픔이 있다. 그녀들에겐 좋은 엄마가 되고 싶은 마음이 간절하지만 그녀들 안에 그런 힘이 처음부터 생기지 않는다. 도움이 필요하다. 그녀들의 정서적 막막함, 체력의 한계를 인정해주고 보듬어주고 위로해주어야 한다. 남편의 격려와 위로 속에 흘리는 눈물이 양육에너지를 가져다주고 훌륭한 어머니로 성장시키는 동력이 된다. 이 땅의 남자들은 그렇게 연약한 여자들을 사랑하도록 부름 받은 자들이다.

몸살이 났는데도 편히 아기를 맡길 수 있는 친정 엄마가 없는 여자들이 많다. 친정이 있어도 마음 놓고 산후조리할 형편이 안 되는 여자들도 많다. 만만히 오갈 여자 형제가 없는 여자들도 있다. 피할 바위 없는 그녀들의 육아 현실은 고독하고 외롭다. 그녀들에게 유일한 소망과 안식처는 남편이다. 또 굳이 상처 있는 여자가 아니라 하더라도 엄마라는 특별한 미션은 자체만으로 어려운 것임을 알아주길 바란다. 애벌레가 나비가 되어가듯 엄마로 변하는 숭고한 과정 중에 있는 그녀 곁에 있어주라. 다시 한번 말하지만 그녀에게는 오직 당신뿐이다.

그녀에게
필요한 남자

양육은 결코 고상하지 않다.
여유롭지 않다.
계속되는 한계 속으로 우리를 안내한다.

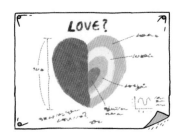

"어떻게 사랑이 변하니?"

〈봄날은 간다〉의 남자주인공 유지태가 이영애를 애절하게 바라보며 말했던 대사이다. 모든 연인은 변치 않는 사랑을 갈구한다. 하지만 그것을 지켜내기 어렵다. 그러나 변치 않는 사랑을 하는 방법이 하나 있다. 그것은 변치 않는 사랑을 위해 방법과 표현을 때에 맞게 바꾸는 것이다. 흘러가는 세월에 따라 적절하게 모양을 바꾸어야 사랑은 보존된다. 한때 내가 사랑했던 청초한 그녀는 드라이브를 시켜주며 달콤한 사랑의 속삭임만으로 충분히 나의 사랑을 받아주었으나, 지금 이 여자는 엄마라는 이름을 달게 되었다. 그런 그녀에게는 그 이름에 맞는 새로운 사랑이 필요하다.

진수는 아들 둘을 키우는 아빠다. 큰 녀석은 자기표현이 강하고 활달하다. 통제가 되지 않는 아들은 엄마와 아빠의 기운을 빼는 데 천하장사급이다. 진수의 아내는 누가 봐도 조신하고 참하고 순종적인 성격을 지닌 여인이다. 그리고 성품만큼이나 묵묵하게 육아를 감당했다. 진수는 아이가 소중하지만 통제할 수 없는 대상이라 두렵기도 했다. 가끔 그런 아이가 피곤해서 야근을 자처할 때도 있었다. 집에 일찍 와도 바람 쐬러 혼자 나가기도 했다. 그러던 어느 날 밤, 또다시 슬그머니 집을 나서려는데, 아내가 진수를 향해 심한 욕을 퍼부었다. 그토록 어질고 순종적이고 착한 아내가 '욕'을 하시었다. 아내의 욕을 들은 진수는 곧바로 신발 벗고 들어와 아이들을 목욕시켰단다.

진수의 아내가 어떤 욕을 선택했는지는 모르겠다. 뭐 개새끼든 소새끼든 여러 새끼들 중 하나였겠지만 지난 몇 년 간 육아의 모든 순간을 감당하며 흘렸던 눈물과 고독이 외마디 욕으로 터져 나온 것이다.

육아전쟁이라는 말을 종종 쓴다. 그토록 예쁜 아기를 키우는 일에 전쟁이라는 단어가 붙는 데는 다 이유가 있다. "밭 맬래, 애 볼래? 하면 밭 맨다"는 옛말도 있으니까 말이다.

아기라는 통행금지구역

아기가 등장하면서 우리는 '통제'를 경험하게 된다. 그리고 그 안에서 아기를 사랑하는 법을 배우며 이타적인 사랑을 배워간다. 잠을 내어주고 체력을 내어주고 마음을 내어주고 인생을 내어주는 사랑을 시작한다. 이것은 이기적이고 자기중심적인 인간들에게 어마어마한 내적 시련이다. 잠을 못 자면 짜증난다. 육체적으로 지친다. 남편이 원하는 만큼 함께 잠자리하기 어렵다. 사소한 것까지 통제를 받는 일상은 답답하다.

아기가 아프면 더 하다. 그때는 사랑의 깊은 골짜기와 협곡을 지나는 시기다. 아기들은 자주 아프다. 아기가 아프다는 것은 지난 밤 엄마는 한 숨도 못 잤다는 것을 의미하며, 오늘밤도 잘 수 없다는 것을 의미한다. 제때 밥을 챙겨 먹지 못하는 것은 비일비재한 일이다. 보채는 아기를 안고 어르고 재우고, 해열제를 먹여도 열이 내리지 않아 새벽에 애를 들쳐 업고 응급실로 달려간다는 것을 의미한다.

한번은 아들이 장염에 걸려 일주일간 앓은 적이 있다. 나는 그때까지 아기가 장염에 걸려 설사를 한다는 일 자체에 대한 개념이 없었다. 그런데 겪고 보니 믿을 수 없는 장면들이 눈앞에 펼쳐졌다. 아기가 설사할 때는 기저귀가 무용지물이다. 기저귀는 아기의 수분을 흡수하지 못한다. 그다음 일은 상상에 맡기겠다. 하루는 민혁이가 설사를 일곱 번 했는데, 그날 밤 빨래 건조대에는 긴박했던 지난 12시간의 증거물들이 널려 있었다. 나만 겪은 일이 아니었다. 내 친구도 아기가 설사하는 3일 동안 일명 '응가대첩'이 벌어졌노라며 나를 위로해주었다.

절대적 의지의 대상, 아빠

양육은 결코 고상하지 않다. 여유롭지 않다. 계속되는 한계 속으로 우리를 안내한다. 매일같이 '한계'와 대면하게 한다. 통제 당하는 일상으로 우리를 몰아간다. 그리고 거기서 주는 사랑을 배우고 성장한다. 아기가 아프면 엄마도 자란다는 말이 있다. 그만큼 아픈 아이를 건사하는 일이 내적 성장을 요구하는 어려운 일이라는 뜻이다.

그럴수록 남편은 절대적인 의지의 대상이다. 하지만 쉽지 않다. 퇴근 없는 인생이 되기 때문이다. 밖에서도 치이고 집에서도 치이는 인생이 된다. 이제 근사하게 저녁을 차려놓고 예쁜 원피스를 입고 기다리는 그녀는 집에 없다. 당신을 기다리는 것은 우는 아기, 놀아달라는 아들, 짜증난 아내이다. 당분간 들어가고 싶지 않을지도 모른다. 그래서 일부러 야근하거나 약속을 만드는 남자들 여럿 보았다.

그러나 여우같은 아내들은 알고 있다. 남편들이 이 상황에서 한 발짝 뒤로 빠져 있다는 것을 말이다. 그리고 그것은 불신의 시작이 된다. 단언하건대 아기가 태어나고 최소 1년, 잠을 포기하고서라도 가정을 중심으로 생활한다면, 평생에 걸쳐 받을 존경을 아내에게 받을 수 있다.

어디 아내뿐이랴. 아기와는 그 어떤 것과도 비교할 수 없는 애착이라는 선물을 받게 된다. 가끔 돌잔치에 가면 죽어라 엄마한테만 매달리는 아기가 있다. 아빠가 집에 늦게 들어가고, 놀아주지 않고, 안아주지 않은 티가 팍팍 난다. 아기가 멀리하는 아빠라니, 부끄럽지 않은가.

주말이 되면 늦잠 자고 싶을 거다. 그러나 그녀는 더 자고 싶다. 그
녀에게 한 시간 정도 여유를 주자. 미용실 가서 머리하고 오라고 보
내주자. 당신 집이니까 주말에는 청소기를 솔선수범해 돌려라. 출근
길에 기저귀 담긴 쓰레기 버리면서 상쾌한 아침을 맞는 거다.

　영미는 네 살짜리 아들과 돌 지난 아들을 키우고 있다. 남편이 계
속해서 집에 일찍 들어올 상황이 못 되어 좀처럼 씻을 여유가 없
었다. 보아하니 두 녀석이 TV에 폭 빠져 있는 것 같기에 폭풍 같
은 샤워를 했다. 그런데 그 잠깐의 시간, 샤워를 하고 나오니 큰
아들은 라이터를 손에 들고 있고, 작은 아들은 단추를 빨아먹고
계시더란다. 그녀는 앞으로 샤워를 포기한 채 더럽게 살기로 결
심했다.

　당신도 회사에서 말로 형언할 수 없는 스트레스를 받고 있겠지만
그녀도 그렇다. 잠자는 것, 먹는 것, 화장실 가는 것 무엇 하나 쉬운
것이 없다. 당신의 도움 없이 그녀가 헤쳐나가는 일상은 맘 편히 먹
을 수 없고 씻을 수 없는 오지체험전이다.
　그녀가 아가씨일 때 장미꽃 한 다발을 선사하는 것이 사랑의 표현
이었다면 이제는 그녀가 씻고 자고 먹을 수 있도록 퇴근 후엔 집으로
출근하는 것이 적절한 사랑 표현이다. 그래야 사랑이 변하지 않는다.
생각만 해도 갑갑할 것이다. 하지만 말했듯 눈 딱 감고 초기 1~2년
만 군대 입대했다 생각하길 바란다. 반드시 사랑의 대가는 돌아온다.

성장하는 부부 관계를 원한다면

당신은 어떤 결혼생활을 꿈꾸는가? 당신이 원했던 결혼생활은 결혼 후 10년은 흘러야 이루어질 것이다. 며칠 눈 질끈 감고 나 몰라라 하면 뚝딱 정리되어 있을 일이 아니다. 부디 사랑하기 위해 결혼하기 바란다. 다른 사랑이 아닌 고린도전서 13장의 사랑으로 말이다. 당신이 그 시간 동안 보여주는 헌신과 관심은 당신을 향한 아내의 절대적인 존경과 신뢰로 돌아올 것이다. 아내는 생애 처음으로 모든 것을 다 내어주는 사랑을 경험하며 힘겨워하고 있다. 당신이 그 어느 때보다도 필요한 순간이다. 그녀가 아이들에게 모든 것을 희생하는 사랑으로 다가가듯, 당신은 아내에게 모든 것을 내어주는 희생의 사랑으로 다가가야 한다. 그렇게 부부 관계는 거듭난다.

아이들은 친절함이 아니라 진정으로 가까워지길 요구한다. 그래서 부모의 부족함을 드러내고 부부 관계를 변화시킨다. 아이들은 부모에게 무한한 헌신을 요구한다. 부모가 실제로 무엇을 믿고 부부 관계가 실제로 어떠했는지 정확하게 보여준다. (중략)
"두 분 사이에서 언제 처음으로 이런 문제들이 나타났지요? 언제부터 섹스에 대한 흥미를 상실하셨지요? 언제부터 남편(부인)께서 외도하기 시작하셨습니까? 언제부터 결혼생활이 시들해지기 시작했지요? 언제부터 사랑이 식었습니까? 이런 물음들에 대해 한결같이 죄책감 어린 눈빛으로 이렇게 답변하는 소리를 그동안 얼마나 자주 들었는지 모른다.

"우리 아이가 태어난 다음부터입니다!"

나는 우리 사회가 출산의 깊은 차원을 별로 의식하지 못한다고 믿는다. _⟨너 자신을 사랑하라⟩ 중에서

결혼에 이르기까지 당신의 사랑은 뜨거웠을 것이다. 뜨거웠던 연인의 사랑은 부부가 되어 한 번 거듭나고, 부모가 되어 한 번 더 거듭난다. 부부 사이에 변혁을 가져오는 이 시기에 엄마로 변한 그녀가 필요한 사랑을 주는 것으로 고린도전서 13장의 사랑을 실천하는 남자는 존경받을 만하다. 마지막으로 말하는데, 그녀에게는 오직 당신뿐이다.

가족 매뉴얼의
교환

웨딩드레스를 고르고 또 고르는 시간을 아껴
서로에게 가족에 대한 정보를 주는 것도
결혼 준비의 한 과정이다.

낯선 여행지에서 지도의 역할은 중요하다. 가이드가 따라 붙는 여행이 아닌, 배낭여행으로 처음 가보는 곳일 때는 더더욱 지도가 필요하다. 얼마나 정확한 지도를 소유했고, 또 얼마나 지도를 판독할 수 있느냐에 따라서 여행의 질이 결정된다고 해도 과언이 아니다.

처음 가는 길에서 내비게이션의 역할은 중요하다. 그런데 멍청한 내비게이션을 만나면 얼마나 당황스러운지 모른다. '여기가 아닌 게벼' 하며 막다른 길에서 좌회전을 하라는 내비게이션의 음성을 들으면 가끔 폭발하기도 한다.

새로 구입한 전자기기의 매뉴얼을 어설프게 숙지했다가 낭패 본 경험이 있으신가. 나는 있다. 신혼 시절 집에서 맛있는 커피를 만들어 먹겠다고 기계를 하나 샀다. 드디어 개봉박두! 남편에게 끝내주는 커피를 바치겠노라며 큰소리쳤다. 그런데 갑자기 커피머신에서 엄청 난 스팀이 뿜어져 나오면서 집안이 발칵 뒤집혔다. 엄청난 굉음을 내 며 사방으로 물과 연기가 쏟아져 나오는데, 기계가 폭발하는 줄 알고 얼마나 마음을 졸였는지 모른다. 남편은 불량품이라며 당장 갖다버 리라고 했고, 너무 놀란 나머지 두통을 호소했다. 나는 그냥 맛있는 커피 한 잔 마시고 싶었을 뿐인데 말이다. 알고 보니 스팀 조절 버튼 이 있는데 그것을 0에 맞춰놓아야 하는 것을, 10에다 맞춰놓은 것이 화근이었다. 그후 남편은 트라우마가 생겼는지, 그 기계 근처엔 얼씬 도 하지 않았다. 대신 만들어준다고 해도 극구 사양하며 인스턴트커 피를 마셨다. 나는 후회했다. '아, 설명서를 좀 더 꼼꼼하게 읽었어 야 했는데.'

매일 가도 낯선 여행지, 시댁

처음 가보는 곳, 무언가 처음 작동해보는 것에 지도나 적절한 설명 서가 있는 것은 중요하고 유익하다. 처음 가보는 곳은 설레지만 긴장 감을 주게 마련이다. 처음 경험하고 처음 가보는 곳이야 살면서 무수 히 많지만 여자들에게 있어 최대 긴장감을 선사하는 곳은 아마 '시 댁'이라는 공간일 것이다.

어느 지인은 시댁에 처음 인사를 다녀와서, 밥을 푼 주걱을 밥통 안에 넣어야 하는지 바깥에 내려놓아야 하는지 너무 고민이 되었다 고 말했다. 그녀들의 시댁 방문시 디테일한 고민의 시작은 밥주걱을 어디에다 놔야 하나 고민하는 것에서부터 시작된다.

결혼 후, 시댁을 다녀온 여인네들이 자주 하는 이야기가 있다. 시댁에서 곤란해하는 자신에 대해 남편이 너무 무심하다는 것이다. 남편이 주로 하는 말은 "괜찮아. 우리 엄마는 그런 거 신경 안 써. 그냥 앉아 있어"이다. 바보. 네가 아들이니까 괜찮은 거야. 아니면 반대로 "며느리가 하는 게 당연한 것 아냐?"라고 말하기도 한다. 나쁜 놈아, 우리 집에서 얼마나 잘하는지 두고 보자.

여자들은 시댁에 입성하기 전 상당한 긴장감을 느낀다. 입성 후에도 시댁은 쉬운 곳은 아니다. 당신은 이때 현실적인 도움을 주어야 한다. 주관적이고 비현실적인 대응은 아내의 신뢰를 잃게 마련이다. 남자와 여자가 만나 결혼을 할 때 두 사람은 가정을 이루고 가족이 되고 하나가 된다. 그리고 서로의 가족에게도 가족이 되며, 확장된 가족관계의 구성원이 된다. 이것은 매우 의미 있는 일이나 그만큼 적응과 훈련이 필요하다. 서로의 가족 구성원을 받아들일 때 구체적인 도움을 주고받는 것은 매우 중요하다.

살면서 알게 되고 겪으면서 깨닫게 되는 것들도 많지만, 시작 전에 가족 설명서를 상대에게 준다면 상대는 분위기 파악을 하며 가족의 대열에 합류하는 데 도움을 받을 수 있다. 그래서 나는 청춘남녀들이 웨딩드레스를 고르고 또 고르는 시간을 아껴 서로에게 가족에 대한 정보를 주는 것도 결혼 준비의 한 과정이라 생각한다. 생각해보시라. 꿈같은 신혼여행 뒤 한국에 도착해 첫 인사를 간 순간, 갑자기 기억해야 할 이름들이 얼마나 많은가. 아내, 며느리, 조카며느리, 올케, 외숙모, 작은아버지, 매형⋯ 그리고 새로 만나게 되는 이름들은 또 얼마나 많은가. 시할머니, 시아버지, 시어머니, 시누이, 시아주버니, 도련님, 시조카, 시이모, 시이모부, 시삼촌, 시외숙모, 시고모… 한 번도 배워본 적 없고 해본 적 없는 역할들인데 원래부터 해왔던 것처럼 아무렇지도 않은 듯 감당해야 하는 시세계와 처가세계인 것이다. 그때 경험하게 될 혼란과 스트레스는 상당할 것이다. 고로 사전 준비는 도움이 된다. 부디 다음의 항목들을 참고하시어, 또 더욱 창의적인 항목을 추가하시어 서로의 가정 문화에 대한 고급 정보를 공유하라. 그렇게 행복한 가정 만들기에 한걸음 더 나아가시길 간절히 바란다.

- 부모님의 생신(음력인지, 양력인지 구체적으로)
- 부모님이 좋아하는 식당
- 부모님이 좋아하는 선물의 종류, 가격 범위
- 형제, 남매들이 좋아하는 음식 또는 물건
- 조카들의 생일
- 부모님의 신앙생활
- 부모님의 취미생활
- 부모님이 화가 나실 때 하는 행동
- 부모님의 의사소통 방식
- 명절 분위기(손님들의 수, 음식의 종류)
- 집안에 생긴 문제에 대한 대처 방식
- 가족들이 휴일을 보내는 방법
- 며느리 혹은 사위에게 바라는 점

- 후손을 기다리는 갈망의 정도 및 기간
- 집안의 경제 사정
- 가족만의 특별한 문화
- 가족의 생일 풍경
- 부모님이 특별히 챙기는 친척이나 지인
- 부모님이 좋아하는 TV프로그램
- 형제들의 특징(성격, 취미, 직업, 주의사항 등)

이런 항목들은 가족 분위기 파악에 도움이 된다. 서로의 가족이 지닌 모든 것을 수용하고 맞출 수 있기 때문이 아니라 어느 정도 마음의 준비를 할 수 있기 때문이다. 얼마만큼 시댁문화에 적응을 하고 부모님의 기대치를 받아들일 것인가는 아내가 선택할 일이다. 그녀들이 각자 알아서 지혜롭게 판단하고 결정해야 할 부분이다. 처가세계도 마찬가지이다.

가정마다 문화가 다르다. 생활방식의 문화, 관계의 문화가 다르다. 어떤 집에서는 실례가 되지 않는 것이 어떤 집에서는 실례가 된다. 어떤 집은 극존칭어를 사용하고 어떤 집은 반말을 한다. 어떤 집은 상다리가 부러지게 밥을 차리고 어떤 집은 메인메뉴 한 가지를 중심으로 먹는다. 어떤 집은 한 종류의 김치만 먹고 어떤 집은 여러 종류의 김치를 먹는다. 어떤 집은 빵으로 식사를 대신할 수 있고 어떤 집에선 빵은 무조건 간식이다. 어떤 집은 반드시 물걸레질을 하고 어떤 집은 일주일에 한 번 청소기만 돌린다. 어떤 집은 언제나 빨래를 삶고 어떤 집은 모든 빨래를 세탁기에 의지한다. 문제가 생겼을 때, 어떤 집은 아버지의 말이 곧 법이고 어떤 집은 아버지의 결정에 충분히 이의를 제기할 수 있다. 어떤 집은 엄마가 실세고 어떤 집은 아빠가 실세다. 어떤 집은 무조건 절약이 최고고, 어떤 집은 있을 때 누리란다. 모두 다 다르다.

결혼과 함께 확장된 관계 속에서 당신은 생각하지 못했던 의사소통의 갈등을 만나게 될 것이다. 의도하지 않았는데 부모님을 섭섭하게 해드렸고, 또 섭섭한 일이 생길 것이다. 배우자가 서로에게 지원자가 되고 도움을 주는 것은 중요한 일이다. 반지와 예단과 함께, 결혼생활의 본질인 '사랑과 관계에 대한 중요한 이야기'도 꼭 교환 항목에 추가하길 바란다.

 ＊ 주의사항

엄마에 관한 항목은 반드시 누나나 여동생의 검증을 받을 것. 미안하다. 어머니에 대한 당신의 관점은 100퍼센트 신뢰하기 어렵다. 당신은 무엇을 해도 용납받았던 귀한 아들일 가능성이 많기 때문이다. 누나와 여동생에게 힌트를 얻어 매뉴얼을 작성하길 바란다.

환상도 조금
필요합니다

그녀는 서프라이즈가 아니라
본질적인 사랑과 관심을 원하기 때문이다.

　내가 아는 한 부부의 이야기다.

　때는 신혼 첫날밤. 그날만큼 떨리고 신비로운 날이 또 있을까. 사건은 그날 밤에 벌어졌다. 결혼식이 매우 피곤했던 남자는 먼저 씻겠다며 욕실로 들어갔다. 그리고 샤워를 끝낸 남자는 욕조의 물을 뺐다. 욕조의 물… 장미꽃잎이 흩뿌려져 있는 허니문 욕조에서 혼자 샤워를 한 뒤 시원하게 물을 빼셨다. 여자는 설마 설마 했단다. 욕조에서 물이 빠지는 소리, 마지막 양의 물이 하수구를 통해 빠져나갈 때 나는 용트림을 들어보셨는가. 그 소리에 자기 귀를 의심하면서 욕실로 달려간 그녀는 보고야 말았다. 욕조 바닥에 처량하게 붙어 있던 몇 잎 안 되는 소중한 꽃잎들을. 여자는 자기도 모르게 비명을 질렀단다. 남자가 무심히 떠내려보낸 것은 물도 아니요 꽃도 아니었다.

평생 단 한 번뿐인 첫날밤에 관한 로망을 영원히 떠나보낸 것이다. 그렇게 그들의 결혼생활은 시작되었다.

곧 죽어도 못 버릴 단어, 로맨틱

여자들은 '로맨틱'이라는 단어에 대한 환상이 있다. 나는 감성보다 이성이 발달한 사람으로 모든 문제를 객관적으로 판단하는 것을 훨씬 더 편하게 느낀다. 하지만 그런 나도 결혼생활에 약간의 로맨틱은 삶의 활력소가 된다고 생각한다.

연애할 땐 챙겨야 할 것이 많다. 생일, 100일, 밸런타인데이, 화이트데이, 연애 1주년, 프러포즈, 결혼기념일 등 한 번 하면 끝나는 것이 아니라 정기적으로 돌아오는 기념일이 너무 많다.

나는 개인적으로 이 많은 날 중, 서로의 생일과, 결혼기념일은 꼭 챙겨야 하는 날이라고 생각한다. 생일은 서로의 존재가 이 땅에 온 날이니 진심으로 축하해야 마땅하고 결혼기념일은 둘이 가정을 이룬 날이니 역시 감사하며 기념해야 한다.

그런데 아무래도 기념일이라는 것이 여자보다는 남자들에게 더 부담스럽다. 그녀들이 무언가를 기대하고 바라는 것은 사실이니까. 당신이 삶의 질을 높이고 싶다면 기념일이라는 것에 대해 깊이 묵상해볼 필요는 있다. 기념일은 무엇인가. 여자들은 왜 이렇게 기념일에 목을 매는가. 앞으로 이 수많은 기념일들은 어떻게 감당하며 살 것인가.

기념일은 무엇인가. 돈을 닥치는 대로 쓰면서 좋아하는 날이 아

니다. 개인의 역사를 기념하는 날이다. 너의 탄생과 나의 탄생, 우리의 탄생, 그리고 우리의 역사를 기념하고 감사하는 날이다.(그녀가 뜻도 모르고 선물만 밝히면 당신이 가르쳐줘라.) 의무가 아닌 의미로 기념일을 다시 생각하게 된다면 기념일을 챙기는 당신의 마음도 달라질 것이다.

그렇기 때문에 기념일은 동기가 매우 중요하다. 그녀가 삐칠까봐. 안 챙기면 골치 아프니까. 아니면 그녀에게 괜찮은 남자로 인정받고 싶으니까. 이런 마음으로 기념일을 챙긴다면 해가 갈수록 귀찮아질 것이다. 더 이상 뭘 해야 할지도 모르겠고 그저 신경만 잔뜩 쓰게 될 것이다. 그러니 그녀가 쪼아서가 아니라 능동적으로 당신이 그의미를 찾을 때 그 날은 달라질 것이다.

그리고 그날의 신물이나 식당 고르기에 너무 힘쓰지 마라. 그녀는 서프라이즈가 아니라 본질적인 사랑과 관심을 원하기 때문이다. 그러니 당신의 동기를 '사랑해서'로 바꾸어야 한다.

감동을 준 선물은 비싸지 않다

그간 남편에게 받았던 선물 중 가장 마음에 남는 선물이 있다. 여름샌들. 남편이 지하철역에서 사다준 만 원짜리 샌들이다. 그때는 내가 아기를 낳고 얼마 되지 않아서 외출에 제약이 있을 때였다. 어느 날 밤, 남편이 지하철에서 팔더라며 샌들을 품에 안고 왔다.

"당신 지하철역에서 싸게 사는 것 좋아하잖아. 요즘에 애기 낳고 못 나가니까 내가 대신 사왔어."

그 샌들이 감동적이었던 이유는 '마음' 때문이었다. 여자는 순간적으로 시뮬레이션을 잘한다. 나도 그렇다. 샌들을 보는 순간 여러 장면이 순식간에 지나갔다.

1. 남편이 지하철을 지나가며 신발을 보고, 순간 내 생각을 했다.
2. 어, 이거 아내가 좋아하는 건데 하고 멈춰섰다.
3. 뭐가 예쁠까 하며 아줌마들 사이에 쪼그리고 앉아 신발을 골랐다.
4. 신발을 사들고 '아내가 좋아하겠지' 하며 집으로 달려왔다.

순식간에 지나가는 장면에서 '마음'이 보일 때 여자들은 감사하고 감동받고 행복해한다. 이것이 여자들의 '촉'이다. 당신이 초라한 선물을 상대에게 했는데 의외로 너무 좋아해서 의아했던 경우가 있다면, 여자는 거기에서 당신의 마음을 느꼈기 때문이다.

반대로 여자들이 섭섭해할 때는 그 '마음'이 보이지 않을 때이다. 아무리 좋은 선물을 해주어도 당신의 마음을 느끼지 못하면 그녀는 행복하지 않다. 여자는 선물이 아니라 마음을 원한다. 샌들보다 지하철역에서 쪼그리고 앉아 선물을 고르는 그 남자의 모습이 여자에게 감동이 되는 것이다.

나에게 마음을 주세요
당신이 하나님 앞에서 기념일에 대해 진정으로 감사하는 마음을 가질 때, 그녀에게 사랑으로 전달된다. 여자는 이런 차이를 기가 막히게 잘 느낀다.

그리고 기념일을 잘 보내기 위해서 혼자 고민할 필요가 없다. 그녀와 함께 의논해라. 서프라이즈도 좋지만, 당신이 기념일을 기억하고 있다는 것, 당신이 그날에 마음을 두고 있다는 것에 아내는 한없이 기뻐할 것이다. 그날 무엇을 하고 싶은지, 가지고 싶은 것이 있는지, 어디를 가고 싶은지 현실적으로 가능한 일을 아내와 타협해라. 당신의 연봉을 아는 여인은 터무니없는 것을 절대 요구하지 않을 것이다.

가장 안타까울 때는 남자가 모든 면에서 완벽하게 이벤트를 준비했는데 여자에게 별로 감동을 주지 못할 때이다. 여자들마다 좋아하는 것이 다르고, 해마다 원하는 것이 다르다. 모든 여자가 꽃다발을 좋아하는 것도, 보석을 좋아하는 것도 아니다. 명품가방을 좋아하는 것도 아니다. 내 주변에 남편이 기념일에 사온 귀금속을 현금으로 환불한 여인도 있고, 자기가 원하는 디자인으로 교환한 여인도 있다. 그녀에게 인정받기 위해 노력했는데 본전도 찾지 못할 때가 많다. 그냥 그녀에게 미리 물어라. 부드럽고 로맨틱하게 말이다. 그리고 당신이 원하는 것도 그녀에게 이야기하라. 어떤 식으로 보내고 싶은지 무엇이 필요한지 분명히 이야기하는 것도 좋은 방법이다.

내가 기뻐하는 진짜 이유

만일 당신의 마음을 기뻐하는 여자가 아니라면 다시 생각해라. 종종 나이 서른을 넘기고도 남자의 선물 공세와 이벤트를 사랑의 척도로 생각하는 여성이 있다. 아무리 예뻐도 다시 생각해라. 기념일에는 당신도 사랑받는 존재여야 한다. 어쩌면 연애할 때, 기념일을 편하게 보낼 수 있는 여자가 당신의 짝을 찾는 하나의 기준이 되는 것도 나쁘지 않다. 기념일에는 여자의 본색이 드러나기 때문이다. 기념일로 그녀의 가치관, 그녀의 경제관, 그녀의 필요를 알 수 있다. 기념일에 여자가 섭섭해하는 진짜 이유와 기뻐하는 진짜 이유를 볼 줄 아는 남자가 좋은 여자를 선택할 수 있을 것이다.

우리는 일상을 살아간다. 결혼을 해도 마찬가지다. 결혼은 환상의 섬이 아니라 '체험 삶의 현장'이다. 그곳에는 민얼굴의 그녀가 있고, 설거지거리가 있으며, 텅 빈 냉장고와 빨래건조대가 있다. 음식물쓰레기를 버려야 하고, 명절을 지내야 하고, 와이셔츠를 다려야 하고, 아이들 밥을 챙겨줘야 한다. 김 부장이 아무리 이상한 놈이어도 절대 회사를 관둘 수 없고 밤새 아이를 보느라 잠을 못 잤어도 칼출근을 해야 한다. 사랑과 행복을 얻는 대신 자유는 현격히 줄어든다. 그런 삶의 현장에서 기념일을 좋은 동기로 보내는 것은 활력소가 된다.

사랑하며 살아가야 하는 거지.
지금까지 잘해온 거지.
당신은 소중한 사람이야.
나 지금까지 잘했지.

기념일은 우리에게 이런 메시지를 준다. 자, 이왕 겪어야 한다면, 앞으로도 널려 있는 이 수많은 기념일을 의무감과 고역으로 지내지 말자. 기념일마다 의미와 사랑으로 채운다면 그게 '원더풀 라이프'가 아닐까. 그리고 무엇보다 그녀의 환상을 조금이라도 채워줄 때 당신에게 나쁠 것은 하나도 없다.

소년
그리고
아버지

당신 안의 머문 소년을 그리스도께 인도해야 한다.
소년이 그분을 만나 위로를 얻고 안식하게 하라.

어느 날 남편이 지하철에서 만난 한 남자의 이야기를 해주었다. 큰 가방을 든 남자가 지하철에 올랐다. 딱 봐도 물건을 팔기 위함이었다. 그다음은 여러분이 익히 알고 있는 장면이다. 무관심하거나, 짜증내거나, 힐끔힐끔 쳐다보는 사람들 틈에서 남자가 이렇게 말문을 열었다.

"여러분, 조용히 가고 싶은 귀가 길에 불편을 끼쳐드려 죄송합니다. 하지만 저의 모습이 바로 이 시대의 아버지의 모습입니다. 제가 오늘 소개해드릴 물건은…."

순간 숙연해졌단다. 많은 사람들이 남자를 쳐다보기 시작했고 물건도 제법 팔았단다. 지하철에서 물건을 팔던 한 남자, 그의 이름은 아버지였다.

나는 결혼 전에 지하철에서 낮술을 먹고 비틀거리는 남자를 보면 무서웠다. 새빨개진 얼굴로 한숨을 푹푹 내쉬면서 다가올 때면 겁이 났다. 가끔 슬로우 모션으로 지그재그 워킹을 하며 내게 다가올 때도 있었다. 다른 칸으로 옮겨 타고 싶었지만 섣불리 움직였다가 "야, 너 어디가? 너 지금 나 무시하냐?"며 소리칠까 봐 꼼짝 못할 때도 있었다. 표정 관리를 하면서도 마음으로는 수십 번을 외친다. '아저씨 이리 오지 마요. 토하지 마요. 안돼, 안돼, 안돼. 어떡해!'

솔직하게 말하면 '왜 저렇게 살까' 비난하는 마음이 가득했다. 그런데 결혼을 하고 나니 마음이 달라지더라. 이제 낮술에 취해 비틀거리는 남자를 보면 짜증나지 않는다. 여전히 무섭긴 하지만 이렇게 생각하게 되었다. 얼마나 힘들고 괴롭기에 이 시간에 술을 마셨을까. 가장으로 살아가는 것이 얼마나 무거운 짐일까. 외로운가 보구나. 이야기할 데가 없구나. 집은 찾아갈 수 있을까. 아내는 자식들은 저 남자의 마음을 알아줄까.

이런 나의 마음에 변화를 증명하는 사건이 있었다. 길을 가고 있었다. 술 취한 남자가 비틀거리며 서 있었다. 예전 같으면 무서워서 가던 길도 돌아갔을 텐데, 그날은 담담히 남자 앞을 지나갔다. 그랬더니 남자가 갑자기 나를 불렀다. "저기요, 제 친구에게 전화 좀 걸어주세요. 여기 지리를 하나도 모르겠어요." 나 역시 초행길이었음에도 용감무쌍하게 전화기를 받아들고는 버튼을 눌렀다. "저기요, 저는 지나가는 사람인데요. 친구 분이 술을 많이 드셨나 봐요. 여기가 어딘지 모르시겠다고… 그러니까 저도 여기가 어딘지 잘 모르는데요"라면서 길에서 만난 술 취한 남자와 〈덤 앤 더머〉 한 편을 찍었다.

그들을 보는 마음이 달라진 이유는 두 가지다. 결혼 후 한 남자가 한 집안의 가장으로 변하는 모습을 생생히 지켜보았기 때문이고, 또 하나는 언젠가부터 그 남자들에게서 소년의 모습을 보았기 때문이다. 상처 입은 어린 소년의 모습 말이다.

상처를 안고 걸어가는 소년에게

K는 이 시대를 살아가는 한 명의 아버지이다.

그러나 그는 행복하지 않았고 그의 가족 또한 행복하지 못했다. K는 아내와 좋은 사랑을 하지 못했고 자녀들을 책임지지 못했다. 그는 결혼했으나 외로웠다. 외로움은 그 무엇으로도 해결되지 못했다. K는 열세 살 때부터 부모의 곁을 떠나 살았다. 부모는 그를 교육하고 양육할 형편이 되지 않았다. 그는 너무 일찍 독립해야 했다. 닥치는 대로 일을 했다. 따뜻한 가정을 경험하지 못한 그는 인정받고 싶은 욕구를 달래지 못한 채 어른으로 성장했다. 그는 결혼하고도 한 여인에게 정착하지 못했고 외로움을 채울 더 많은 여인이 필요했다. 인정받기 위해 성공하고 싶었고 성공하고 싶은 욕망은 언제나 욕심이 되어 좋은 결과를 가져오지 못했다. 사업은 실패를 거듭했다. 어른이 된 뒤에도 떠나지 못한 소년이 어른 K의 인생을 막다른 골목으로 몰고 갔다.

소년이 어른이 되지 못한 채 아버지가 될 때, 그것은 모두에게 상처가 된다. 소년에게는 아버지가 져야 하는 많은 짐들을 지고 갈 만한 힘이 없다. 여전히 소년인 아버지들은 방황하고 침묵하고 가정을 버린다.

나는 K의 이야기를 들으며 생각했다. 그가 자신이 외로운 사람이라는 것을 조금 더 인지했더라면 좋았을 것을. 그래서 자신이 만족하지 못하는 이유가 아내 때문이 아님을 알았다면 얼마나 좋았을까. 자꾸만 사업을 크게 벌이는 이유가 그저 포부 때문이 아님을 알았다면 얼마나 좋았을까. 그가 사랑하는 이들에게 진정으로 인정받는 길이 사업 성공이 아니라, 저녁밥상에 둘러앉아 알콩달콩 함께 먹는 다정한 아버지가 되는 것임을 알았다면 얼마나 좋았을까. 그는 자신에 대해 너무 몰랐고, 문제의 핵심을 파악하지 못했고, 잘못된 선택을 반복했다. 그의 인생은 달라질 수 있었다. 하지만 그는 안타깝게도 소년을 버리지 못한 채 아버지가 되었다.

우리 시대에는 이러한 소년아버지들이 많이 살고 있다. 또 앞으로 소년아버지가 될 가능성이 농후한 청년들도 많이 살고 있다.

상처 받은 남자들이 소년아버지가 되지 않기 위해서는 청년의 시간을 잘 보내야 한다. 그들은 청년이라는 시간을 선물로 받았다. 당신 안에도 굿바이를 고해야 할 소년이 살고 있을 것이다. 청년의 시간은 전반전과 후반전 사이에 있는 휴식시간이나 작전타임과 같다. 전반전의 문제점을 파악하고 숨을 고르고 물을 마시고 근육을 풀어주고 후반전에 대한 전략을 짤 수 있는 유일한 시간이다.

청년의 시간에 당신을 정직히 대면하라. 아직도 당신을 떠나지 못한 소년이 있다면 그를 성장시켜야 한다. 아내를 때릴 가능성이 있는 분노함, 여자들과의 무분별한 관계를 갖게 할 가능성이 있는 외로움, 가장으로서 경제적인 역할을 포기하게 할 게으름. 당신 안에 있는 부정적인 인격의 함정들을 눈치 채고 해결해야 한다.

해결의 방법은 첫째, 당신이 가진 정서적인 연약함이 무엇인지 알아야 한다. 그리하여 연약함에 지배당하는 인생을 거절하고, 진리에 속한 생각과 감정에 매료되는 제2의 인생을 갈망해야 한다. 과거에 매여 현재를 헤매며 불행한 미래로 자신을 몰아가서는 안 된다.

둘째는 그리스도께 당신 자신을 적극적으로 의지하고 회복과 치유의 은혜를 구하며 상처에 관련된 이들을 용서하는 것이다. 당신은 사랑을 주지 않는 가정에서 자랐을지도 모르겠다. 부모님이 기대치에 미치지 못하는 사랑을 주신 것이 사실이라면, 또 하나 알아야 할 것이 있다. 그리스도께서 당신이 원하는 것 그 이상의 사랑을 주셨다는 것이다. 이 두 번째 사실이 첫 번째 사실을 압도한다. 당신은 두 번째 사실 위에서 새롭게 시작할 수 있다.

청년, 소년과 마주하다

청년의 시간은 당신 안에 있는 소년을 만나야 하는 때이다. 소년의 삶을 정리하고, 아버지가 될 준비를 하는 데 청년의 시간을 사용해야 한다. 청년의 시간은 한 남자에게 무한한 자유와 선택의 기회를 준다. 모든 가능성을 소유한 시간이 바로 청년의 때이다. 스스로 가망 없다, 가난이 죄다, 이런 부모 밑에서 컸는데 희망 없다, 유학 갔다

오고 명문대 나온 인재들 차고도 넘치는데 아등바등 산다고 뭐가 달라지겠나, 다 짜고 치는 고스톱이다, 내 인생은 달라질 기미가 없다며 단정 짓지 않는다면, 청년의 시간은 기적을 만들어낼 수 있는 귀한 시간이다.

어떤 사람이 될지, 무슨 일을 하면서 살아갈지, 어떤 사람과 결혼을 할지, 모든 것을 선택하고 만들어갈 수 있는 특별한 시기를 당신은 살고 있다. 사방으로 열린 길 한 가운데 서 있는 것과도 같다. 당신은 아버지에게 받은 인생과, 아버지가 되어 살아갈 인생 사이에 서 있다. 인생은 그저 흘러가는 운명이 아니다. 매일 수도 없이 맞게 되는 크고 작은 선택의 결과물이다.

아내와 아이를 때리는 비극적인 아버지는 되고 싶지 않을 것이다. 외로움과 욕망을 못 이겨 사랑하는 아내를 배신하고 사랑하지 않은 여자와 하룻밤을 보내는 비운의 남자가 되고 싶지는 않을 것이다. 가족과 대화도 하지 못하는, 침묵의 남자가 되고 싶지는 않을 것이다. 가족의 생계를 저버리고 도망가는 비겁한 아버지도 되고 싶지 않을 것이다.

그렇다면 당신 안의 머문 소년을 그리스도께 인도해야 한다. 소년이 그분을 만나 위로를 얻고 안식하게 하라. 그리고 당신은 계속해서 올바른 것을 선택하는 훈련을 해야 할 것이다. 외롭다고 아무 여자나 만나는 선택을 하지 않아야 할 것이고, 안정을 위해 헌신하고 싶지 않은 여자와 결혼하는 모험의 선택도 해서는 안 될 것이다. 그녀와 잠자리를 하고 싶지만 욕망 대신 하나님의 말씀을 경외하는 심령을 선택해야 할 것이다. 물건을 던지고 욕하고 싶을 때, 분노를 십자가 앞에 가져가고 감정을 조절하려는 선택을 해야 할 것이다. 무기력한 일상을 벗어난 성실한 일상을 살아가는 훈련을 해야 할 것이다. 부모에 대한 원망의 마음을 버리고 하나님을 향한 신뢰의 마음을 가지는 선택을 해야 할 것이다.

이런 수많은 선택은 씨앗이 되고 열매가 된다. 인생을 바꾼다.

이를 위하여 나도 내 속에서 능력으로 역사하시는 이의 역사를 따라 힘을 다하여 수고하노라(골 1:29).

힘겨운 싸움이지만 외로운 싸움은 아니다. 당신이 힘을 다할 때 그분도 능력으로 역사하신다. 단 한 번 뿐인 삶이다. 같은 값이면 다홍치마라고 소년아버지 말고 좋은 아버지를 선택하자. 주님이 우리에게 좋은 아버지이신 것처럼.

그리고
결혼을
선택하지 않은
그들에게

당신의 싱글라이프로 누군가가 구원받을 수 있게 하라.
서른셋, 예수의 싱글라이프가 당신을 구원하였듯이 말이다.

혼. 자. 살. 까.

라고 생각하는 남자들은 대부분 세 부류로 나뉜다.

첫 번째는 싱글의 삶에 대한 동기가 명확하지 않은 채, 연애의 계속된 실패 또는 가정에서 받은 상처로 자신감을 잃은 경우이다. 자기연민에 빠져 고독한 남자주인공을 자처하며 인생을 통째 새드 무비로 만드실 요량이라면 수단과 방법을 가리지 말고 결혼하시길 진심으로 바란다. 그녀의 사랑 안에 새 삶을 살기를 권유하는 바이다. 권유의 내용은 책 곳곳에 써놓았다. 그분들에게 드리고 싶은 말씀은 "당신도 행복할 수 있다"이다. 파이팅이다!

두 번째 경우, 혼자서 잘 먹고 잘 살기로 작정한 경우이다. 간섭받는 게 귀찮고, 애들도 싫고, 평생 한 여자만 사랑하는 게 어떻게 가능하냐고 생각하는 남자들. 취미생활 너무 많고 가고 싶은 여행지도 너무 많다. 일본 온천에 몸 담그러 가야 하고, 영국의 박물관도 들러주고, 자전거 타고 국토 횡단도 해야 하며, 발목뼈에 금갈 때까지 축구하다가 월드컵 시즌엔 비행기 타고 주최국으로 가줘야 할 것 같다. 카메라, 오디오, 자동차는 옵션으로 따라가는 당신의 친구들이다. 이런 분들도 부디 거듭나시어 결혼할 것을 적극 권장한다. 자기만을 사랑하는 삶은 그리스도 앞에 부끄러운 삶이다. 부디 타인을 사랑하는 삶이 얼마나 아름다운지를 느꼈으면 좋겠다.

세 번째, 많은 고민 끝에 마음을 다해 싱글을 선택하는 남자들이다. 의미 있는 싱글의 삶을 살기로 작정했으나 어떤 마음으로 어떻게 살아야 하는지를 몰라 고민하는 남자들이다.

이번 장은 두 번째와 세 번째 경우에 속한 남자들과 나누고 싶은 이야기들이다. 그들은 싱글의 삶에 대한 그림을 그리고 싶어 할 것이다. 그러나 나는 가보지 않은 길이기에 싱글남들의 인생에 대해 할 수 있는 이야기는 그리 많지 않을 것이다. 그들에게 가장 좋은 스승은 이미 그 길을 걸은 이들의 이야기일 것이다. 그러나 강 이편에 있는 아줌마로서 싱글들을 보면서 그간 들었던 고민과 주변에 감동적 싱글의 삶을 실천하고 있는 사례를 전하고 싶다. 답은 아니겠지만 당신의 싱글라이프에 도전과 힘이 되었으면 한다.

넌 감동이었어

나는 스스로 인복이 많은 사람이라 생각하고 있다. 가족의 상실이 있긴 했지만 주님은 내게 좋은 친구들을 많이 주셨다. 그 복덩이 중, 참 좋아하는 한 사람에 대한 이야기를 하고 싶다. 그녀는 목사다. 여자 싱글 목사. 미국에서 혼자 살면서 목회자의 길을 걷고 있는 그녀. 나는 10년 전에 그녀와 함께 사역했고, 이후로도 틈틈이 그녀의 인생을 조금이나마 지켜보았다. 언젠가 그녀는 싱글의 외로움을 극명하게 보여주는 연말을 어떻게 보내고 있는지 소식을 전해왔다. 그녀의 연말연시가 너무 감동적이라 동의를 얻어 부분적으로 공개해본다.

2011년 12월 9일

혼자서 크리스마스 장식을 시작한 지 3년이 되었다. 그래도 시카고에 있을 땐 친구들이나 가족을 불러 저녁을 같이 했었다. 그런데 여기서는 정말 나 혼자다.

크리스마스트리를 감상하다가 문득 이것들을 혼자 치워야겠구나 생각하니 우울해졌다. 이렇게 보내서는 큰일나겠다 싶어 프로젝트를 꾸몄다. Restaurant December.

셰프는 나다. 혼자 음식을 준비한다. 고로 메뉴는 내 마음대로이다. 와인과 촛불은 초대 손님에게 부탁하고, 음악의 선곡도 손님에게 부탁한다. 물론 라이브도 가능하다. 오시는 모든 손님들께 크리스마스 선물을 증정하기로 했다.

그리고 손님 명단을 만들기 시작했다.

2012년 1월 1일

어제로 Restaurant December를 마무리했다. 총 열 번의 만찬, 서른세 명의 손님이 다녀갔다. 미국에 온 이후로 가장 따뜻하고 행복한 나날을 보냈다. 실제로도 올해는 예년보다 눈도 적고 춥지도 않았다. 여전히 가슴 아픈 일이 많지만 아무래도 그건 평생 품고 살아가라고 하나님이 주신 선물인 것 같다. 날이 갈수록 그리움과 아픔은 슬픔이 아니라 기쁨임을 깨닫는다. 내가 있는 이곳을 사랑하지만, 내 이름은 나그네임을 늘 상기하면서 살아가고 있다. 그리고 그 여정 가운데 만나는 많은 길동무들이, 그리고 가장 오랜 친구이자 가까운 친구인 주님이 내게 너무나 소중한 존재임을 배우고 있다.

너도 감동이었어

또 한 명 소개하고 싶은 남자가 있다. TV를 통해서 만난 남자이다. MBC 다큐멘터리 〈그날〉에 나왔던 사람이다. 새터민 아이 10명의 엄마로 살아가고 있는 남자이다. 새터민 청소년그룹을 만들어 아이들에게 밥을 해먹이고 학교 챙겨 보내는 일을 자처해서 하고 있는 총각이다.

그는 7년 전부터 새터민들을 위한 봉사활동을 했다. 그러다가 혼자 살고 있는 초등학생 하룡이를 만나게 되었다. 엄마가 지방에 돈 벌러 가버리고 혼자 TV를 켜놓은 채 잠든 하룡이의 모습이 마음 아팠던 그는 그날 밤 하룡이 곁을 지켜주었다. 그때부터 지금까지 이 일을 하게 된 것이다. 그것이 '가족'의 시작이었다. 그의 집에는 탈북을 하는 과정에서 가족을 잃거나, 중국과 몽골을 헤매야 했던 아픔을 지닌 아이들이 산다. 한 사람이 내어준 작은 온정이 새로운 소망을 품은 가족으로 변했다. 그들 중 한 아이가 이렇게 인터뷰를 했다.

한 핏줄이 아니면 가족이 아니잖아요. 그렇게 생각했었는데 여기 와서 살다보니까 이것도 가족이더라고요. 서로 모여 살고, 싸울 때 싸우기도 하고… 행복한 마음도 생기고요. 그래서 가족이라고 느꼈어요.

결혼만큼이나 중요한 것을 선택하라

결혼을 선택하지 않았다는 것이 사랑을 선택하지 않았다는 것은 아니다. 결혼을 선택하지 않았다는 것이 누군가를 적극적으로 사랑하지 않는다는 것이 아니다. 결혼한 이들이 배우자와 아이들을 사랑하는 것만큼, 당신도 그 무엇을 사랑하는 삶을 선택해야 한다. 그리스도인들에게 자기만을 위한 삶은 없다. 결혼을 선택하지 않은 이들도 마찬가지다. 결혼을 하는 모양으로 살든지, 하지 않은 모양으로 살든지 두 삶의 모양 모두 '사랑'을 담고 있어야 한다.

남편들아, 아내 사랑하기를 그리스도께서 교회를 사랑하시고 그 교회를 위하여 자신을 주심 같이 하라(엡 5:25).

나는 결혼한 이들에게 주어진 이 원리가 동일하게 싱글의 삶의 원리에도 적용되어야 한다고 생각한다. 그리스도인에게 사랑하지 않아도 되는 삶은 없다. 결혼한 이들은 배우자와 갈등과 화해를 반복하며 사랑을 배우고, 양육을 통하여 이타적인 사랑을 배운다.

싱글 또한 이타적인 사랑을 이루어가는 삶이 복음에 합당하다. 결혼을 선택하지 않았기에 주어진 자유과 독립성을 다른 이들은 위해 나눌 수 있는 선택권이 있다. 그것의 방법은 다양하다. 양육에 지친 형과 형수를 대신해 조카들과 주말에 놀아주는 일일 수 있고, 교회 안의 남자 청년들과 '고독한 싱글의 성 감당하기' 세미나를 추진하는 일일 수도 있다. 매해 교회의 김장담그기 행사에 정기 지원하는 남자가 될 수도 있다. 다문화 가정 아이들에게 한글을 가르쳐주는 봉사에 지원할 수도 있다. 싱글로서 삶의 질을 바꾸는 선택은 매우 다양하다. 선교, 오지에서의 봉사와 같은 거창한 것이 아니어도 당신의 일상에서 선택의 길은 무궁무진할 것이다.

뭐야, 그럼 우리는 외로운데 계속 사랑만 하라는 거야? 억울할지 모르겠다. 그러나 결혼한 이들은 안정이라는 선물을 받지만 완전한 자유라는 것은 없다. 여행도, 연수도, 단 하루의 시간도, 24시간 중의 1분 1초도 가정의 구성원으로서 절대적인 책임이 사라지는 시간은 없다. 그러나 싱글들은 사랑할 수 있는 시간과 더불어 좀 더 자신의 인생을 선택하고 운영할 수 있는 자유를 선물로 받는다. 각각 모양이 다르게 사랑하는 삶을 살고 다른 종류의 선물을 받는 것이다. 우리는 모두 그렇게 사랑하는 삶을 살아간다.

지금까지 당신이 생각하고 계획한 싱글라이프는 어떤 것인지 모르겠다. 모쪼록 자기애에서 벗어나 이타적인 사랑으로 발돋움하는 아름다운 삶을 꾸려가시기를 축복한다. 마지막으로 말하고 싶은 말은 이것이다.

싱글을 꿈꾸고 계획하는 남자들이여,
당신의 싱글라이프로 누군가가 구원받을 수 있게 하라.
서른셋, 예수의 싱글라이프가 당신을 구원하였듯이 말이다.

.

남자, 남편, 아버지…
당신의 수많은 이름을 사랑합니다.

나가는 말

바로 그 남자가 당신이 되기를

한 남자의 사랑

나는 한 남자가 가지고 있는 사랑의 힘을 믿는다. 이 책을 쓰는 동안 이 세상에는 많은 일이 있었다. 이란의 핵 과학자가 테러를 당해 죽었고, 군인 한 명이 폐렴에 대한 적절한 조치를 받지 못해 사망했다. 소들은 먹을 사료가 없어서 죽어갔다. 영화 〈도가니〉가 개봉하면서 나라는 충격에 빠졌고, 학교 폭력을 이기지 못한 중학생 남자아이가 죽음을 선택했다. 나는 한 남자가 가지고 있는 사랑이

한 여자를 살리고,

한 아이를 살리고,

한 가정을 살리고,

한 사회를 살리고,

한 국가를 살린다고 믿는다.

그들이 사랑할 때, 자신과의 싸움을 시작하고 옳은 선택을 할 때 그들은 성장하고 그 영향력은 삶의 전반에 미친다고 믿는다.

이 세계는 남자의 사랑을 갈망하고 있다. 하나님이 가진 사랑처럼 정의롭고, 따뜻하고, 헌신적인 사랑을 필요로 한다.

나는 당신이 그런 사랑을 주는 한 남자가 되기를 바란다.

화무십일홍

지난 일년 동안 아직도 짝을 찾지 못한 외로운 여인들을 많이 만났다. 그녀들 중에는 놓치기 아까운 성품을 가진 여인들도 많았다. 누군가의 아내가 된다면 빛을 발할 그녀들. 그녀들은 나이가 많고, 예쁘지 않고, 과하게 믿음이 좋고, 환경이 어렵다는 이유로 남자의 선택에서 제외되었다. 물론 그녀들도 노력이 필요하다. 하지만 더불어 남자들도 '좋은 눈'을 가져야 한다.

화무십일홍花無十日紅이라는 말이 있다. 열흘 붉은 꽃은 없다는 말이다. 아무리 강한 세력도 지는 때가 있다는 뜻이다. 여자의 외모와 매력도 그렇다. 보톡스 없이 나이 오십에도 팽팽한 피부를 뽐낼 여인이 어디 있을까.

이 땅에는 가정에서 상처 받았기에 더욱 사랑이 필요한 여인들이 있다. 하나님은 그런 여인들을 누군가 맡기길 원하신다. 당신은 언젠가 한 사람을 선택해야 할 것이다. 그 선택이 눈과 호르몬의 선택이 아닌, 하나님의 제안을 받아들이는 진짜 선택이 되기를 바란다.

감사

강의를 끝내고 돌아가는 내게 한 형제가 《사랑하기 좋은 날》을 가져와 사인을 해달라고 했다. 그러면서 본인은 이 책을 세 번 읽었노라며 남자들을 위한 책도 써달라고 했다. 당시 이 책은 이미 기획 중에 있었는데, 형제의 말은 계속적으로 이 책을 쓰는데 동력이 되었다. 형제의 갈망이 뭉클했다. 그를 비롯해, 끝까지 이 책을 읽어준 독자들에게 진심으로 감사의 마음을 전하고 싶다.

언젠가부터 내 인생에 가족이라는 말이 생겼다. 책을 쓰는 동안 함께 도와주고 민혁이를 감당해준 나의 가족과 윤경숙 선생님께 감사의 마음을 전한다. 그리고 자신의 이야기를 쓰도록 허락해준 많은 이들과 와우씨씨엠 ,용기 내어 사연을 올려주신 분들, 이번에도 믿고 맡겨준 포이에마 식구들께도 감사의 마음을 전한다.

그리고 마지막으로, 상처 많은 시절을 보낸 내게 남자들이란 그저 안개 짙은 적진에 포진해 있는 무리들이었으나, 아픔의 시간이 지나고 그들의 마음에 관한 이야기를 쓸 수 있는 인생을 살게 하신 나의 아버지 하나님. 당신은 정말 놀라운 분이십니다.

2012년 3월
김지윤